GUIDE COMPLET DU BRICOLEUR

LES REVÊTEMENTS DE SOL

Traduit de l'américain
par Jean Storme

LES ÉDITIONS DE L'HOMME

Catalogage avant publication de la Bibliothèque nationale du Canada

Vedette principale au titre :

Les revêtements de sol

(Guide complet du bricoleur)
Traduction de : The complete guide to flooring.

1. Revêtements de sol - Manuels d'amateurs. 2. Planchers - Entretien et réparations - Manuels d'amateurs. I. Storme, Jean. II. Black & Decker Corporation (Towson, Mar.). III. Collection.

TH2525.C6514 2004   690'.16   C2004-940933-6

Production de l'édition française :

Coordonnatrice de l'édition : Linda Nantel
Coordonnatrice de la production : Diane Denoncourt
Correctrices : Monique Richard et Sylvie Tremblay
Infographiste : Manon Léveillé

Production de l'édition originale :

Éditeur exécutif : Bryan Trandem
Directeur de la création : Tim Hansel
Directrice de l'édition : Jerri Farris
Directeur artistique : David Schelitzche
Graphiste : Tracy Stanley
Illustrateurs : David Schelitzche, Jon Simpson, Earl Slack
Recherchistes photos : Julie Caruso, Andrew Karre
Coordonnatrice en studio : Jeanette Moss McCurdy
Photographes : Tate Carlson, Andra Rugg
Stylistes : Joanna Wawra, Theresa Henn
Menuisier de l'atelier : Randy Austin
Directeur, services et photos : Kim Gerber
Directrice de la production : Stasia Dorn

DISTRIBUTEUR EXCLUSIF :

• Pour le Canada
et les États-Unis :
MESSAGERIES ADP*
955, rue Amherst
Montréal, Québec
H2L 3K4
Tél. : (514) 523-1182
Télécopieur : (514) 939-0406
* Filiale de Sogides ltée

Pour en savoir davantage sur nos publications,
visitez notre site : www.edhomme.com
Autres sites à visiter : www.edjour.com • www.edtypo.com
www.edvlb.com • www.edhexagone.com • www.edutilis.com

Gouvernement du Québec – Programme de crédit d'impôt pour l'édition de livres – Gestion
SODEC – www.sodec.gouv.qc.ca

L'Éditeur bénéficie du soutien de la Société de développement des entreprises culturelles
du Québec pour son programme d'édition.

Nous reconnaissons l'aide financière du gouvernement du Canada par l'entremise du
Programme d'aide au développement de l'industrie de l'édition (PADIÉ) pour nos activités
d'édition.

Table des matières

Planification d'un projet de revêtement de sol

Introduction

Si vous faites partie de cette catégorie de propriétaires qui attachent plus d'importance à la décoration murale et à l'ameublement d'une pièce qu'à son plancher, sachez qu'en réalité, rien n'égaye plus une pièce et ne modifie autant son cachet qu'un nouveau revêtement de sol.

Parce qu'il constitue un des éléments importants d'une pièce, le plancher attire immédiatement le regard des personnes qui y pénètrent. Les produits actuellement offerts sur le marché facilitent plus que jamais la tâche du bricoleur désireux d'installer lui-même un nouveau plancher, et la satisfaction que procure ce plancher est la meilleure rentabilisation du temps et de l'argent qu'on y a investis.

Le plancher n'est pas seulement la surface sur laquelle on marche ou pose des meubles. Il constitue un des éléments du décor de la pièce à laquelle il ajoute couleur, texture, style et personnalité. Ainsi, un vieux salon dont le sol est recouvert d'une moquette usée peut se transformer en parloir distingué si on y installe un nouveau revêtement de sol éclatant en bois stratifié; et une froide pièce de sous-sol dont le plancher est fait de vieux carreaux résilients peut se transformer en salle de jeu attrayante si on y installe de la moquette à poils longs. Une cuisine démodée dont on aura remplacé le plancher de linoléum par des carreaux de céramique texturés dissimulant un système de chauffage radiant réunira toute la maisonnée dans une ambiance chaleureuse.

Un plancher de qualité parachève le décor d'une pièce; il peut donner une impression de continuité, ou peut contraster avec les éléments qui l'entourent et attirer l'attention sur certains de ceux-ci. Dans un cas comme dans l'autre, le plancher joue un rôle important dans l'aspect de la maison et dans l'impression qui s'en dégage. Par conséquent, que vous rénoviez entièrement une pièce ou que vous y apportiez de petites améliorations, pensez à rafraîchir le plancher pour donner au projet fini tout son cachet.

Le *Guide complet des revêtements de sol* vous aidera à choisir et à installer le plancher qui répond le mieux à vos besoins. Le choix de matériaux dans ce domaine est virtuellement illimité, allant des bois durs exotiques aux essences traditionnelles, de la céramique à la pierre, du vinyle au cuir, du caoutchouc au liège, sans compter les combinaisons possibles de deux ou plusieurs revêtements de sol dans une même pièce.

La première section de ce livre, intitulée Conception et planification d'un projet de renouvellement de plancher, foisonne d'idées qui vous aideront à planifier le remplacement de votre plancher et à choisir le revêtement de sol qui mettra votre pièce en valeur. Vous y trouverez des idées intéressantes auxquelles vous n'auriez sans doute pas pensé.

L'installation d'un nouveau plancher demande une certaine préparation. La deuxième section du livre est consacrée à l'enlèvement du plancher existant et à la préparation du sous-plancher. Vous y apprendrez aussi comment installer différentes sous-couches – y compris les sous-couches insonorisantes – qui rendent le plancher fini durable.

Le *Guide complet des revêtements de sol* vous apprendra comment installer la plupart des revêtements de sol courants, décoratifs et à la mode que l'on trouve aujourd'hui dans le commerce. Les sections sur l'installation des planchers donnent des instructions détaillées, étape par étape, et des photos en couleurs sur l'installation des planchers en bois, y compris les planchers en bois dur assemblés par rainure et languette, les parquets, les planchers flottants et les planchers en bois de bout; des revêtements en céramique, en pierre et les revêtements résilients; des moquettes. Non seulement vous apprendrez les techniques d'installation des planchers, mais vous découvrirez comment donner à vos planchers un cachet particulier en utilisant les méthodes des installateurs professionnels.

Dans une autre section du livre, on vous expliquera comment appliquer aux planchers les finis de surface et comment leur ajouter des bordures originales. En outre, cette section vous montrera comment remettre à neuf un plancher existant.

Dans la dernière section du livre, on vous aidera à régler le problème des planchers ou des escaliers qui grincent. Cette section vous guidera dans la réparation et l'entretien de vos planchers. Gardez ce livre à portée de la main, vous pourrez le consulter si vous avez des planchers qui grincent ou si vous devez remplacer un carreau de céramique, rapiécer une moquette ou un plancher de vinyle, ou remplacer une lamelle ou deux de parquet.

Conception et planification
d'un projet de renouvellement de plancher

Pour réussir le remplacement d'un revêtement de sol – comme pour tout projet de rénovation –, il faut le concevoir et le planifier soigneusement. Le revêtement de sol ne peut être considéré isolément, indépendamment de l'ensemble du décor. Il doit s'harmoniser avec le reste de la pièce pour créer l'effet désiré. Vous pouvez faire de votre plancher un élément qui retient l'attention, ou vous pouvez installer un plancher plus discret, qui fera ressortir le reste de la pièce.

En planifiant soigneusement votre projet, vous pourrez choisir un revêtement de sol qui convient à plusieurs pièces, ou un motif qui se répète dans une pièce ou dans toutes les pièces adjacentes.

N'oubliez pas que vous faites un choix à long terme, en particulier s'il s'agit d'un plancher en carreaux de céramique ou en bois dur, car dans la plupart des cas, la seule façon de modifier un plancher existant, c'est d'en installer un nouveau. Puisque le plancher que vous aurez choisi devra servir longtemps, planifiez votre projet en conséquence.

L'information que contient cette section vous aidera à concevoir et à planifier l'installation de planchers qui répondent à vos besoins. Après y avoir recueilli des idées sur les différents revêtements de sol offerts dans le commerce, visitez plusieurs salles d'exposition pour trouver la couleur, le style et le motif des matériaux que vous avez choisis.

Les planchers ouvrés sont attrayants et créent un pôle d'attraction dans la pièce. Le plancher en bois dur montré sur la page de gauche est orné d'un médaillon qui donne un cachet particulier au vestibule. Dans le plancher ci-dessus la surface réservée aux repas est entourée d'une bordure audacieuse qui suit le pourtour de la pièce.

Comparez les échantillons de revêtements de sol que vous trouverez chez les distributeurs afin de déterminer celui qui s'harmonise le mieux avec les couleurs et les meubles de la pièce où vous allez le poser. Si vous envisagez de repeindre les murs, choisissez, sur des échantillons, les couleurs qui conviennent au nouveau plancher.

Planification d'un projet de nouveau plancher

Comme les planchers sont des éléments qui ressortent dans un intérieur, il faut y accorder une importance particulière lorsqu'on les choisit. Commencez par feuilleter les revues et visiter les magasins de détail où l'on trouve des revêtements de sol.

Mais d'autres facteurs que l'apparence interviennent dans le choix d'un revêtement de sol. La plupart des gens attachent de l'importance au prix et à la facilité d'installation des revêtements, et certains insistent sur des facteurs tels que la durabilité ou la sensation ressentie lorsqu'on marche dessus.

Pour choisir le revêtement de sol approprié à une pièce humide, soumise à de nombreuses allées et venues ou à d'autres conditions spéciales, il faut examiner comment se comportent les différents revêtements de sol dans ces conditions. Certains revêtements ne doivent pas être installés dans des endroits humides, d'autres risquent de se ternir ou d'être griffés par un passage intensif. Consultez les pages 10 et 11, elles vous aideront à choisir le revêtement de sol qui répond le mieux à vos besoins.

Lorsque vous estimez les matériaux nécessaires à la réalisation de votre projet, ajoutez 5 à 10 % à la surface totale à recouvrir pour tenir compte des déchets dus au rognage. Ce pourcentage est même plus élevé dans l'installation de certaines moquettes. Conservez les matériaux excédentaires en réserve pour des réparations ultérieures.

Planification d'un projet de revêtement de sol

Établissez une séquence de travail logique. Les projets de revêtements de sol font souvent partie d'un projet de rénovation plus important. Dans ce cas, l'installation du revêtement de sol doit suivre la finition des murs et du plafond, mais précéder l'installation des accessoires. Lorsque vous parachevez votre projet de rénovation, protégez le nouveau revêtement de sol au moyen de toiles ou de papier épais.

Mesurez la surface de la pièce pour déterminer la quantité de matériaux dont vous aurez besoin. Mesurez la largeur et la longueur de la pièce pour calculer la surface globale de celle-ci, puis soustrayez les surfaces qui ne seront pas recouvertes, comme les escaliers, les armoires et les autres accessoires permanents. Ajoutez 5 à 10 % au total obtenu pour tenir compte des déchets.

Liste de vérification d'un projet de revêtement de sol

Lisez les sections suivantes et utilisez cette liste de vérification pour organiser vos activités lorsque vous vous lancerez dans un projet de revêtement de sol.

- Mesurez soigneusement la surface à recouvrir. Assurez-vous d'inclure tous les renfoncements et placards ainsi que les surfaces recouvertes par des appareils électroménagers mobiles. Calculez la surface totale.

- À l'aide de ces mesures, dessinez un plan du plancher sur du papier quadrillé.

- Dessinez, sur du papier calque placé sur le plan du plancher, les différents motifs que vous envisagez ; vous pourrez ainsi vous faire une idée de l'effet qu'aurait chaque revêtement de sol installé.

- Indiquez les points de rencontre des différents revêtements et choisissez les matériaux qui conviennent le mieux aux zones de transition.

- Évaluez le matériel nécessaire à la préparation, y compris les feuilles de la sous-couche et la pâte de nivellement.

- Évaluez le matériel nécessaire à l'installation, c'est-à-dire le revêtement de sol et le reste du matériel tel que les adhésifs, les coulis, les seuils, les bandes à griffes et les vis. Si vous voulez vous faciliter la tâche, promenez-vous dans un centre de matériaux de construction et lisez les étiquettes des produits et des adhésifs pour connaître leur pouvoir couvrant.

- Dressez la liste des outils dont vous aurez besoin pour réaliser le travail. Notez les endroits où vous pourrez louer ou acheter des outils.

- Estimez le coût total du projet, incluant les matériaux nécessaires à la préparation, les matériaux de revêtement et d'installation, et les outils. Pour découvrir le meilleur prix des matériaux coûteux comparer les prix de plusieurs détaillants.

- Vérifiez le prix de la livraison demandé par les centres de matériaux de construction ou les détaillants. Généralement, la livraison ne coûte pas cher, et le service obtenu vaut largement la dépense supplémentaire.

- Déterminez le travail de démolition que vous devez entreprendre et prévoyez de faire enlever les débris par les éboueurs ou par une compagnie spécialisée.

- Planifiez le déplacement temporaire des meubles et des électroménagers mobiles de manière à déranger le moins possible votre quotidien.

Choisir un revêtement de sol

Revêtements de sol en vinyle

Le revêtement de sol en vinyle, appelé également « revêtement de sol résilient » est un matériau polyvalent, qu'on peut installer n'importe où, bien qu'il soit le plus souvent utilisé dans les salles de bains et les cuisines. Le revêtement de vinyle se vend en feuilles ou en carreaux dont l'épaisseur varie entre ⅟₁₆ po et ⅛ po. On trouve le vinyle en feuilles sous forme de rouleaux de 6 pi ou de 12 pi, et il est muni d'un renfort en feutre ou en PVC, en prévision de son installation. Le carreau de vinyle a normalement 12 po de côté et l'envers peut être autocollant.

L'installation de ces revêtements est facile : on colle les feuilles de vinyle à dos en feutre sur le plancher suivant la méthode d'encollage complet, c'est-à-dire qu'on recouvre d'adhésif toute la surface du plancher à revêtir. Les feuilles de vinyle munies d'un renfort en PVC ne sont collées que sur les bords (méthode dite d'encollage périphérique). Les carreaux sont plus faciles à installer, mais, comme les revêtements de carreaux comprennent de nombreux joints, leur utilisation n'est pas recommandée dans les endroits fort humides. Tous les revêtements en vinyle doivent être installés sur une sous-couche lisse.

Les feuilles de vinyle se vendent à la verge carrée tandis que les carreaux se vendent au pied carré. Leur coût est comparable à celui de la moquette, mais il est inférieur à celui des carreaux de céramique et à celui des revêtements en bois dur. Les prix varient en fonction de la teneur en vinyle des produits, en fonction de leur épaisseur et de la complexité de leur motif.

Carreaux de céramique

Le carreau de céramique est un revêtement de sol dur, durable, polyvalent qu'on trouve en plusieurs dimensions, modèles et couleurs. Il convient particulièrement aux endroits à forte circulation et aux endroits très humides. On l'utilise fréquemment dans les salles de bains, les vestibules et les cuisines.

Les carreaux de céramique courants comprennent le carreau de carrière non vernis, le carreau vernissé et le carreau mosaïque de porcelaine. En dehors de la céramique, il existe également des carreaux de pierre naturelle telle que le marbre, l'ardoise et le granit. L'épaisseur des carreaux de céramique varie entre ³⁄₁₆ et ¾ po.

Le carreau de céramique coûte généralement plus cher que les autres types de revêtements de sol, et les carreaux de pierre naturelle sont les plus chers. Le carreau de céramique est plus long à installer que tous les autres produits, mais il offre un maximum de possibilités en matière de décoration.

La préparation du sol est capitale dans la réussite de l'installation des carreaux de céramique. Dans les endroits humides, tels que les salles de bains, il faut installer les carreaux sur une sous-couche, constituée de panneaux de fibragglo-ciment fixés au sous-plancher. Tous les planchers qui supportent des carreaux de céramique doivent être rigides et plans, pour éviter que les carreaux ne se fissurent. On installe les carreaux suivant un quadrillage et on les colle aux planchers au moyen de mortier à prise rapide. On remplit les espaces qui les séparent de coulis, qu'il faut enduire régulièrement de produit de scellement si l'on veut éviter qu'il se tache.

Bois dur

Les planchers en bois dur sont résistants et résilients, et leur aspect est chaud et élégant. Comme ils résistent bien au passage, on les utilise fréquemment dans les salles à manger, les salons et les vestibules.

Le revêtement de sol en bois dur le plus répandu est constitué de lames en bois massif; mais un nombre croissant d'autres produits à support en contreplaqué ou en stratifié synthétique (appelés également bois stratifié), qui conviennent bien à la rénovation, font leur apparition sur le marché. Les essences les plus couramment utilisées sont le chêne et l'érable, et on les trouve sous forme de lames minces, de planches larges et de carreaux de parquet. La plupart de ces produits s'assemblent par rainure et languette, ce qui donne des surfaces résistantes et planes.

Le revêtement en bois dur coûte généralement un peu plus cher que le revêtement en carreaux de céramique, et les produits lamellés sont normalement moins chers que le bois dur massif. La plupart des revêtements de sol en bois dur s'installent directement sur un sous-plancher, ou parfois sur un revêtement de sol en vinyle. L'installation des revêtements en bois stratifié est aisée; on peut les coller ou les clouer, ou encore en faire des revêtements «flottants» reposant sur un coussin de mousse. Les carreaux de parquet sont normalement collés. Les lames en bois dur doivent être clouées, travail qu'il faut confier à des professionnels.

Moquette

La moquette est un revêtement de sol doux et souple, que l'on choisit pour son confort plutôt que pour sa durabilité. C'est un revêtement de sol très prisé pour les planchers de chambres à coucher, de salles familiales et de couloirs.

Les moquettes sont faites avec des fibres synthétiques ou naturelles fixées sur un treillis, et on les vend habituellement en rouleaux de 12 pi de large. Certaines moquettes ont un support matelassé, prêt à être collé sans thibaude ou bandes.

Les deux principaux types de moquettes sont la moquette à poil bouclé, qui donne une impression de surface texturée en raison de ses boucles non coupées, et la moquette à poil coupé, qui a une apparence plus uniforme en raison de ses fibres coupées. Une même moquette contient parfois les deux types de fibres. Les prix des moquettes sont semblables aux prix des revêtements en vinyle, mais ils peuvent varier en fonction de la densité et de la nature des fibres. Les moquettes en laine coûtent normalement plus cher que celles en fibres synthétiques.

L'installation des moquettes se fait sans difficulté, à condition de disposer de certains outils et de maîtriser certaines techniques. Il faut commencer par installer les bandes à griffes, puis il faut couper les morceaux de moquette, les assembler, et finalement les fixer aux bandes à griffes.

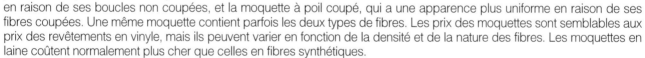

Planchers conçus pour un déplacement facile et sûr

Choisir un revêtement de sol qui convient à tout le monde, c'est accepter de faire des compromis. La moquette diminue le bruit et est plus sûre en cas d'accident, mais le revêtement en bois dur convient mieux au mouvement des fauteuils roulants. Voici quelques principes à retenir lorsque vous pèserez le pour et le contre des différents revêtements:

- Si les revêtements de sol des différentes pièces présentent des épaisseurs différentes cela créera des dénivellations importantes entre les pièces. Essayez que tous les planchers soient au même niveau et, lorsque ce n'est pas possible, utilisez des raccords qui assurent un passage en douceur.
- Les revêtements en bois naturel et en vinyle épais, mat, offrent probablement la meilleure adhérence.
- Les revêtements antidérapants conviennent particulièrement aux salles de bains et aux cuisines. Renseignez-vous auprès du vendeur sur le coefficient de frottement des revêtements (il ne devrait pas être inférieur à 0,6).

- Les petits tapis présentent un danger s'ils ne sont pas attachés au plancher.
- Sur les moquettes à poils courts (¼ po à ½ po), on risque moins de trébucher, et celles-ci conviennent mieux à la circulation des fauteuils roulants que les moquettes à poils longs.
- Les moquettes à renfort matelassé réduisent les ondulations et les traces laissées par les fauteuils roulants.
- Les carreaux légèrement rugueux conviennent mieux à la circulation des fauteuils roulants que les carreaux lisses. Évitez les larges joints de coulis, quel que soit le type de carreaux utilisé.

Conseils sur la conception des revêtements de sol

Quel que soit le type de revêtement de sol que vous installez, choisissez-en soigneusement les couleurs, les motifs et les textures car vous vivrez dans ce décor pendant des années, sinon des décennies. Le revêtement de sol est l'un des éléments les plus importants de la conception d'un intérieur, car il constitue une des parties les plus visibles de cet intérieur.

Le revêtement de sol peut présenter un motif audacieux, qui attire le regard, comme il peut constituer un support neutre ; mais quel que soit son caractère, il faut toujours le choisir en tenant compte des pièces voisines. Les planchers constituent la plateforme commune des différentes pièces, et les revêtements de sol offrent donc un moyen commode de créer une impression de continuité dans toute la maison. Sans qu'on doive pour autant utiliser le même revêtement de sol dans toutes les pièces, le fait de répéter une couleur, un motif ou une texture, suffit généralement à assurer cette continuité.

Les illustrations présentées dans ces quelques pages montrent à quel point le choix des couleurs, des motifs et des textures influence l'aspect d'une pièce et l'impression qui s'en dégage.

L'impression de continuité dans la conception peut découler de l'utilisation d'un même revêtement de sol dans deux pièces adjacentes. Le salon et le couloir de la photo de gauche ci-dessus sont reliés par le même motif et le même agencement des couleurs du revêtement de sol en liège. L'entrée et le couloir de la photo ci-contre sont reliés par des carreaux de céramique et une bordure posée comme s'il s'agissait d'un tapis.

Photo : courtoisie de Natural Cork

Photo : courtoisie de Crossville Porcelain Stone/USA

La couleur du revêtement de sol a un effet sur l'impression visuelle d'une pièce. Les couleurs hardies, brillantes attirent l'attention, tandis que les couleurs estompées créent une surface neutre, sans éclat. Les couleurs influencent également la perception dimensionnelle d'une pièce. Les couleurs foncées sont plus austères et elles rapetissent une pièce. Les couleurs pâles, plus modernes, agrandissent une pièce.

Photo : courtoisie de Expanko, Inc.

Photo : courtoisie de Crossville Porcelain Stone/USA

Le motif du revêtement de sol influe sur le caractère d'une pièce et sur l'impression qui s'en dégage. En général, il régnera une atmosphère de détente dans une pièce dont les motifs du revêtement de sol sont discrets, et la pièce paraîtra plus grande qu'elle ne l'est réellement. Les motifs audacieux et répétés égayent une pièce en attirant le regard. Il faut choisir soigneusement le motif d'un revêtement de sol si l'on veut éviter qu'il ne jure avec les autres motifs de la pièce.

Photo : courtoisie de Mohawk® Industries

Photo : courtoisie de MIRAGE Prefinished Hardwood Floors

La texture du revêtement de sol contribue à donner du style à la pièce. Les surfaces rugueuses, comme l'ardoise, ou un tapis berbère, rendent une pièce plus chaude et plus accueillante. Les surfaces lisses et brillantes, comme les carreaux de marbre ou les revêtements de sol en bois dur, donnent à la pièce une note élégante et claire.

Série d'idées sur les revêtements de sol

Idéalement, la conception d'un intérieur doit comprendre le choix du plancher. Si ce choix est judicieux, le revêtement s'harmonisera avec les autres éléments de décoration de la pièce. Mais le plancher doit aussi être fonctionnel et répondre aux besoins de chaque pièce. Par exemple, dans une cuisine où les déversements sont courants, un plancher en feuille de vinyle ou en carreaux de céramique sera plus pratique qu'un épais tapis

Photo : courtoisie de MIRAGE Prefinished Hardwood Floors

Dans chacune de ces pièces on a réuni deux revêtements de sol. Le plancher principal, en bois dur, est recouvert de tapis ou de moquette, ce qui rend l'endroit plus confortable au pied. Le bois dur met en valeur le tapis ou la moquette et fait ressortir le bois des meubles et des accessoires se trouvant dans les deux pièces.

bouclé très coûteux. Dans une belle salle à manger, le parquet fera plus distingué que des carreaux résilients.

Les impressionnantes photos de cette section montrent toute une gamme de revêtements de sol et de matériaux utilisés dans les différentes pièces d'une maison. Elles vous donneront certainement de nouvelles idées sur les planchers qui répondent le mieux à vos besoins.

Photo : courtoisie de Marmoleum by Forbo Linoleum

Photo : courtoisie de Wilsonart Flooring

Les couleurs foncées du plancher en damier de la photo du haut contrastent entre elles, mais elles contribuent également à poser ce décor où dominent les couleurs claires. La couleur pâle du plancher montré ci-dessus équilibre parfaitement la couleur plus foncée des murs.

Bois dur

Les lames et les languettes de bois dur forment les revêtements de sol les plus courants. Si le bois dur ne fait pas concurrence aux autres éléments décoratifs d'une pièce, il ne passe toutefois pas inaperçu. Sur la photo supérieure, on peut voir qu'on a intégré au plancher deux essences de bois différentes qui créent une bordure ornementale autour de l'îlot de cuisine. Sur la photo de droite, les couleurs du plancher, du manteau de cheminée, des bibliothèques et des lambris s'entremêlent pour donner à l'ensemble de la pièce une allure classique.

16

Les parquets sont des planchers de bois dur haut de gamme, agencés pour former des motifs décoratifs, parfois compliqués. Le modèle en arête de poisson ci-dessus est constitué de fines bandes de bois placées perpendiculairement les unes aux autres pour former un dessin qui attire le regard. Le parquet ci-contre, fait de carreaux de bois, prend une allure tridimensionnelle attrayante.

Photo : courtoisie de Kentucky Wood Floors

17

Stratifiés

Les planchers en bois stratifié ressemblent souvent à des planchers en bois massif et ils ne se laissent ni érafler, ni entailler, ni décolorer. On en trouve dans une variété de couleurs et de textures qui rappellent les différentes essences de bois. Sur la photo de gauche, le plancher en bois stratifié a la chaleur et la beauté du bois dur, ce qui permet de l'utiliser dans une salle de bains. Le plancher en bois stratifié ci-dessous, imite à s'y méprendre un plancher en lames de bois naturel et chaud.

Les planchers en matériau stratifié ressemblent tellement aux planchers en carreaux de céramique authentiques qu'il est difficile de les distinguer, comme le montrent les photos ci-contre et ci-dessous.

Carreaux de céramique

L'ensemble formé par les carreaux de plancher et ceux des murs crée l'atmosphère de toute la cuisine (photo de droite). Le plancher est constitué de carreaux de tailles différentes d'où se dégage une impression de sérénité que ne contredit pas le motif des carreaux muraux.

Les tons de terre cuite des carreaux ci-dessous forment un fond discret qui donne à la pièce naturel et clarté.

Les carreaux de céramique carrés et rectangulaires (à gauche) sont agencés pour produire un effet élégant et moderne.

Les formes irrégulières des carreaux donnent au plancher une allure rustique (ci-dessous). Le revêtement de sol se prolonge dans les pièces voisines pour donner à l'ensemble une impression de continuité.

Revêtements résilients

Le damier est un motif de plancher couramment utilisé. Dans le plancher résilient ci-contre, on a combiné plusieurs couleurs estompées pour donner à l'ensemble une allure contemporaine, et dans le plancher en damier ci-dessous, on a voulu accentuer le contraste en combinant des carreaux noirs et des carreaux blancs.

Le vinyle en feuille permet de réaliser des revêtements décoratifs, impossibles à obtenir autrement. C'est le plancher qui donne des couleurs à cette pièce, qui autrement serait monochrome.

Résistant à l'humidité et d'entretien facile, le vinyle constitue un choix pratique et judicieux pour le plancher de cette cuisine. Le plancher donne l'aspect de l'ardoise, et il est légèrement matelassé, ce qui fatigue moins l'utilisateur.

Les planchers en liège ont très bel aspect, ils sont confortables et réduisent le bruit dans une pièce. Ils sont également écologiques. L'écorce du chêne-liège se sépare naturellement du tronc, tous les 9 à 15 ans, et sa récolte ne nuit aucunement à l'arbre. Le chêne-liège peut vivre 250 ans. On trouve dans le commerce des planchers en liège de différentes couleurs et de différents motifs.

Photo : courtoisie de Expanko, Inc.

Planchers écologiques

Les planchers en caoutchouc sont idéaux pour les sous-sols et les salles d'exercices. Si vous vous préoccupez de l'environnement, vérifiez auprès du fabricant si le revêtement de sol qui vous intéresse est fabriqué en caoutchouc recyclé. On trouve des revêtements de sol en caoutchouc de différentes couleurs qui conviennent à la décoration de n'importe quelle pièce. Le revêtement ci-dessus est fabriqué à la fois en caoutchouc et en liège.

Photo : courtoisie de TimberGrass LLC

Le bambou est en réalité une herbe, non un arbre. Sa récolte a lieu tous les trois à cinq ans et il continue de se reproduire, ce qui en fait un matériau écologique pour des revêtements de sol. On le reconnaît facilement à son grain particulier, ou à ses nœuds, et il se vend en lames ou en planches.

Moquette

La moquette est très souple et peut s'adapter au style et au genre des éléments décoratifs qui l'entourent. La moquette de la salle de séjour ci-dessus a une texture élégante et semble confortable. De la moquette ci-contre se dégage une atmosphère plus calme et plus douce, idéale pour un salon.

La moquette peluchée serrée crée une impression de calme qui convient parfaitement aux pièces privées.

La moquette à poils longs est toujours à la mode, comme le prouve la photo de ce salon. La couleur du tapis est identique à celle du divan et des murs.

Cette élégante moquette se prête bien à l'allure moderne de la pièce. Elle est confortable tout en étant agréable à regarder.

Revêtements de sol luxueux

Les propriétaires qui veulent absolument un revêtement de sol luxueux ne se tromperont pas en choisissant le cuir. L'aspect particulier du plancher recouvert de cuir et l'impression qu'il dégage ne sont en rien comparables à ceux d'imitations moins coûteuses. Le revêtement ci-dessus est constitué de carreaux, celui de la photo supérieure, à droite, est fait de lamelles de revêtement de sol en cuir, disposées en arête de poisson, et celui de la photo inférieure, à droite, est en cuir texturé.

Les planchers en bois de bout, composés de « briques » de bois, forment également des revêtements de sol luxueux. Le revêtement ci-contre impressionnera le propriétaire le plus difficile en transformant son plancher en œuvre d'art. Les photos ci-dessus montrent différents motifs de revêtements de sol en bois de bout.

Photo : courtoisie de Kaswell & Co., Inc. and Timeless Timber Inc.

Revêtements de sol extérieurs

Ne négligez pas l'extérieur lorsque vous planifiez les revêtements de sol. Un revêtement de sol extérieur attrayant agrémente le temps que l'on passe assis à l'extérieur. La bordure décorative du plancher ci-contre entoure des carreaux qui sont installés en diagonale pour créer plus d'effet. Les carreaux s'harmonisent également avec les carreaux des murs extérieurs. Les briques deux tons, disposées en arête de poisson, du plancher ci-dessous rendent cette terrasse plus attrayante.

Photo: courtoisie de Daltile

Le plancher extérieur brillant
(ci-dessus) imite l'apparence des
matériaux utilisés dans la construction
de la maison et contribue à créer une
entrée accueillante. Le plancher
ci-contre donne un aspect reposant
au patio. Ces deux planchers sont
bien adaptés à leur milieu naturel.

Planchers combinés

**Combiner deux ou plusieurs revê-
tements de sol** donne parfois un
résultat spectaculaire que le plancher
unique ne peut offrir. Le plancher en
bambou ci-dessus fait le lien entre les
carreaux de la pièce voisine, les carreaux qui entourent le foyer et la moquette de l'escalier. Le bois dur
ci-contre est partiellement recouvert
d'un tapis à poil long qui rend la pièce
plus confortable et plus chaude.

Les tapis rehaussent l'aspect de tous les planchers. On peut les placer sur tous les types de revêtements de sol pour embellir une pièce. Le tapis rouge ci-dessus est assorti aux accessoires du même ton de la pièce, tandis que le ton neutre de la moquette sur laquelle il est étalé s'assortit aux couleurs du divan et des murs blancs.

Pour commencer, déterminez le nombre et le type de revêtements dont votre plancher est recouvert. Un nombre important de revêtements et de sous-couches risquent d'imposer des contraintes trop importantes aux solives et d'entraîner finalement la perte du nouveau revêtement. Vous pouvez facilement vérifier l'ancien revêtement en enlevant un évent de plancher.

Examen du plancher existant

Avant de préparer l'installation d'un nouveau revêtement de sol, vous devez évaluer l'état de l'ancien revêtement. Un examen minutieux vous permettra de décider s'il faut réparer les endroits endommagés du revêtement existant ou le remplacer.

L'examen d'un plancher comprend trois étapes. Commencez par déterminer le matériau de l'ancien revêtement et son mode d'installation. A-t-on collé le revêtement en feuilles de vinyle suivant la méthode d'encollage complet ou d'encollage périphérique? Votre moquette est-elle collée ou accrochée? Ensuite, vous devez évaluer l'état du revêtement. Est-il bien attaché ou est-il détaché par endroits? Est-il abîmé ou fissuré? Et finalement, vous devez connaître la hauteur du plancher existant par rapport aux surfaces qui l'entourent. Est-il nettement plus élevé que les planchers qui l'entourent?

Il est souvent possible d'installer le nouveau revêtement de sol sur l'ancien. Mais si ce dernier n'est pas en bon état ou s'il n'est pas lisse, il faut effectuer certains travaux de préparation. Dans certains cas, ces travaux se limitent à une seule opération, comme l'application d'un produit de nivellement (voir p. 55), mais le plus souvent la préparation est plus compliquée et peut nécessiter l'enlèvement et le remplacement de la sous-couche (voir p. 52, 53 et 58 à 61), ou la réparation, par endroits, du sous-plancher (voir p. 55). Ne bâclez pas le travail : vous n'obtiendriez qu'un plancher de médiocre qualité.

Avertissement : les revêtements de sol fabriqués avant 1986 peuvent contenir des fibres d'amiante qui, lorsqu'on les respire, risquent de provoquer de sérieuses lésions pulmonaires. Le mieux, lorsqu'on a affaire à un revêtement de sol contenant de l'amiante, c'est de le couvrir d'une sous-couche et, s'il faut l'enlever, de s'adresser à un entrepreneur accrédité dans l'élimination des poussières d'amiante.

Anatomie du plancher

Le plancher à ossature en bois comprend généralement plusieurs couches qui, ensemble, offrent le support adéquat et l'aspect désiré. Sous le plancher se trouvent les solives – éléments de charpente de 2 po x 10 po, ou plus grands – qui supportent le poids du plancher. Celles-ci sont généralement espacées de 16 po entre centres. Le sous-plancher est cloué aux solives. La plupart des sous-planchers installés dans les années 1970 ou après sont constitués de contreplaqué de ¾ po à rainure et languette, mais dans les maisons plus anciennes, il est formé de panneaux de 1 po d'épaisseur, cloués en biais aux solives. La plupart des entrepreneurs placent une sous-couche en contreplaqué de ½ po sur le sous-plancher. Lors de l'installation de nombreux types de revêtements, on étale un adhésif ou du mortier sur la sous-couche avant d'installer le revêtement de sol.

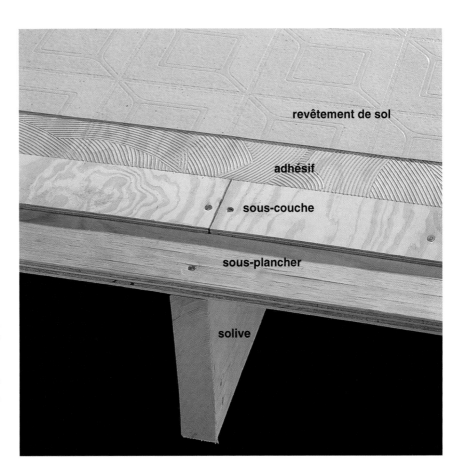

revêtement de sol

adhésif

sous-couche

sous-plancher

solive

Conseils sur le diagnostic des revêtements de sol

Si vous installez un nouveau revêtement sur un ancien, mesurez verticalement les ouvertures des appareils ménagers encastrés ou installés sous des comptoirs pour vous assurer que l'installation de la nouvelle sous-couche et du nouveau revêtement ne posera pas de problèmes. Servez-vous d'échantillons de la nouvelle sous-couche et du nouveau revêtement pour faire cette vérification.

Les seuils élevés indiquent souvent que plusieurs couches de revêtement ont été installées l'une sur l'autre. Si c'est le cas, vous faites mieux de les enlever avant d'installer le nouveau revêtement de sol.

Suite à la page suivante

Conseils sur le diagnostic des revêtements de sol (suite)

Vérifiez l'adhérence des carreaux de vinyle en soulevant les bords décollés de certains d'entre eux au moyen d'un couteau à plaques de plâtre. Si les carreaux sont décollés en différents endroits de la pièce, il se peut que l'adhésif soit défectueux, auquel cas il faut enlever le revêtement au complet.

La présence de poches d'air sous le revêtement indique une défaillance de l'adhésif. Dans ce cas, il faut enlever l'ancien revêtement avant de poser le nouveau.

Les fissures des joints de coulis entourant les carreaux de céramique sont signe soit que le mouvement du plancher a été causé par la détérioration de la couche d'adhésif, soit qu'il a causé cette détérioration. Si plus de 10 % des carreaux sont décollés, enlevez complètement l'ancien revêtement et examinez l'état de la sous-couche (voir p. 37) pour savoir s'il faut l'enlever également.

Le gondolement des planchers en bois dur indique que des lames se sont détachées du sous-plancher. N'enlevez pas un plancher en bois dur. Revissez plutôt les lames détachées en forant des avant-trous dans lesquels vous enfoncez des clous ou des vis à revêtement. Vous pouvez poser de la moquette directement sur un plancher en bois dur bien assujetti, tandis que pour les nouveaux carreaux de céramique ou le revêtement résilient, vous devez préalablement poser une sous-couche sur le revêtement en bois dur.

Guide de diagnostic rapide du revêtement de sol existant

La préparation du plancher en vue de l'installation d'un nouveau revêtement de sol peut être soit une tâche simple, soit un travail long et ardu, selon l'état dans lequel se trouve le plancher existant et selon le nouveau revêtement que vous avez choisi.

Dans les processus suivants, on a résumé les étapes de la préparation pour les différents types de revêtements de sol existants. Dans certains cas, vous pourrez choisir entre différentes sortes de préparations. Examinez-les soigneusement et choisissez la méthode qui répond le mieux à vos besoins. Vous éviterez ainsi de perdre votre temps à accomplir des tâches inutiles. N'oubliez pas que le but du travail est de préparer une surface pour qu'elle soit en bon état, lisse et plane.

Ancien revêtement résilient (vinyle)

Option 1: Votre revêtement de sol résilient peut supporter la plupart des nouveaux revêtements, c'est-à-dire les revêtements résilients, ceux en bois dur et les moquettes, mais à condition toutefois que sa surface soit suffisamment lisse et en bon état. Inspectez le revêtement existant dans le but de déceler les joints défaits, les déchirures, les éclats, les bulles d'air et les endroits où l'adhérence est défectueuse. Si ces endroits représentent moins de 30 % de la surface totale, vous pouvez enlever le revêtement à ces endroits, niveler le plancher au moyen de produit à aplanir, puis couvrir tout le plancher de ce produit et le laisser sécher, avant de poser le nouveau revêtement de sol.

Option 2: Si vous doutez de l'état du revêtement de sol résilient d'origine, vous pouvez installer la nouvelle sous-couche sur l'ancienne surface, après avoir réparé les endroits visiblement décollés.

Option 3: Si vous installez des carreaux de céramique ou si la surface existante est en très mauvais état, enlevez l'ancien revêtement avant d'installer le nouveau. Si l'ancien revêtement adhère par encollage complet, il vous sera probablement plus facile d'enlever en une fois la sous-couche et le revêtement. Si vous enlevez l'ancienne sous-couche, vous devrez en installer une nouvelle avant de poser le nouveau revêtement de sol.

Anciens carreaux de céramique

Option 1: Si la surface existante de carreaux de céramique est suffisamment solide, elle peut normalement supporter directement le nouveau revêtement. Inspectez les carreaux et les joints pour déceler les éventuels fissures et carreaux décollés. Enlevez tout ce qui est décollé et remplissez ces endroits de produit à aplanir. Si vous comptez installer un revêtement résilient, appliquez le produit à aplanir sur toute la surface des carreaux de céramique avant de poser le nouveau revêtement. Si vous posez de nouveaux carreaux de céramique sur les anciens, utilisez du mortier à prise rapide pour obtenir une meilleure adhérence.

Option 2: Si plus de 10 % des carreaux sont décollés, enlevez tout l'ancien revêtement avant d'installer le nouveau. Si les carreaux sont difficiles à séparer de la sous-couche, enlevez le tout et installez ensuite une nouvelle sous-couche.

Ancien revêtement de sol en bois dur

Option 1: Si vous avez l'intention d'installer de la moquette, vous pouvez la poser directement sur le plancher de bois dur existant, à condition qu'il soit cloué ou collé. Inspectez le plancher et clouez-le au sous-plancher, avec des clous de plancher spiralés aux endroits où il est détaché; enlevez le bois pourri et remplissez les vides de produit à aplanir, avant d'installer la moquette.

Option 2: Si vous avez l'intention d'installer un revêtement résilient ou des carreaux de céramique sur des lames en bois dur clouées ou collées, vous pouvez fixer la nouvelle sous-couche au revêtement en bois dur existant avant d'installer le nouveau revêtement de sol.

Option 3: Si le plancher existant est en bois ou en stratifié « flottant » posé sur une sous-couche à thibaude en mousse, enlevez-le complètement avant de poser le nouveau revêtement de sol, quel qu'il soit.

Sous-couche et sous-plancher

La sous-couche doit être lisse, solide et horizontale pour que l'installation du revêtement de sol soit durable. Si ce n'est pas le cas, enlevez-la et installez-en une nouvelle avant de poser le nouveau revêtement de sol.

Avant d'installer une nouvelle sous-couche, vérifiez si le sous-plancher ne présente pas d'éclats, de nœuds ouverts, de renfoncements ou de lames détachées. Vissez le plancher aux endroits où il est détaché et remplissez les fissures et les renfoncements de produit à aplanir. Le cas échéant, enlevez et remplacez les parties du sous-plancher qui ont été endommagées par l'eau.

Ancienne moquette

Il faut toujours enlever l'ancienne moquette avant d'installer un nouveau revêtement de sol. Dans le cas d'une moquette traditionnelle, coupez-la simplement en morceaux, puis enlevez la thibaude et les bandes à griffes si elles sont endommagées. Dans le cas d'une moquette collée avec un envers en mousse, arrachez la moquette en utilisant un grattoir de plancher et en employant les mêmes techniques que pour enlever un revêtement résilient en feuilles, à encollage complet (voir p. 49).

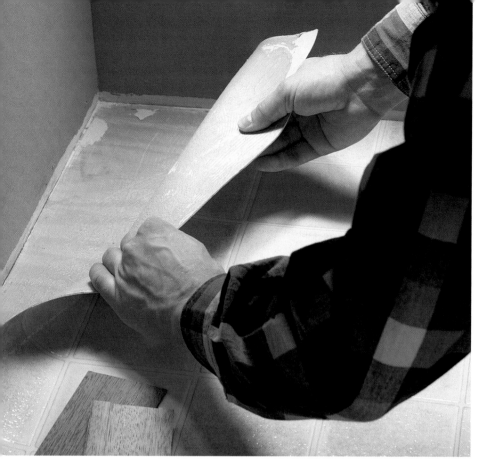

Installation d'un nouveau plancher: aperçu des différentes étapes

Vous effectuerez mieux le travail d'installation d'un revêtement de sol, du début à la fin, si vous en connaissez les différentes étapes et ce qui les relie. La séquence illustrée sur ces deux pages vous donne un aperçu d'une installation type, qui ne correspond pas nécessairement à votre projet.

Si l'installation d'un revêtement de sol n'est qu'une des parties d'un projet de rénovation plus important, planifiez cette installation dans le cadre du projet global.

1 Après avoir choisi le revêtement que vous voulez installer, examinez le plancher existant pour déterminer si vous pouvez installer le nouveau revêtement sur l'ancien (p. 34 à 37).

2 Si nécessaire, enlevez le revêtement existant afin que la surface sur laquelle sera installé le nouveau revêtement soit en bon état (p. 48 à 53).

3 Installez la sous-couche appropriée au revêtement (p. 54 à 61).

4 Préparez le plancher pour l'installation. S'il s'agit d'un nouveau revêtement en carreaux résilients ou en carreaux de céramique, tracez les lignes de référence qui divisent la pièce en quadrants (p. 135 et 136). S'il s'agit de vinyle en feuille, créez un gabarit de la pièce (p. 129). S'il s'agit de moquette, déterminez l'emplacement des raccords (p. 176).

5 Installez le revêtement de sol en utilisant les techniques appropriées : revêtement résilient (p. 130 à 139), carreaux de céramique (p. 148 à 155), revêtements en bois dur à rainure et languette (p. 94 à 99), parquets (p. 104 à 107), planchers en bois de bout (p. 110 à 113), planchers flottants (p. 118 à 121), moquette (p. 186 à 197).

Préparation du projet

Pour installer votre nouveau plancher, il est probable que vous deviez au préalable enlever l'ancien et préparer soigneusement la surface du sous-plancher. Le travail de préparation est aussi important que l'installation proprement dite et il exige le même souci du détail.

N'espérez pas dissimuler les imperfections du sous-plancher par la pose du nouveau plancher. Ces imperfections ne feront que s'accentuer dans la plupart des cas, surtout s'il s'agit d'un plancher résilient.

Enlever les anciens planchers, installer les nouveaux sous-planchers ou les nouvelles sous-couches, boucher les fissures et aplanir les joints ne comptent pas parmi les tâches les plus agréables, mais vous serez largement récompensé de votre effort lorsque le travail sera terminé.

Si le nouveau plancher fait partie d'un projet de rénovation plus important, l'enlèvement du plancher existant constitue une des premières étapes du projet d'ensemble, et l'installation du nouveau plancher une des dernières. Vous devez terminer les autres travaux de démolition et de construction dans la pièce avant d'installer le plancher, sous peine d'endommager sa surface.

Les projets décrits dans cette section vous montrent comment réaliser les opérations suivantes : enlever les revêtements de sol en vinyle, en carreaux de céramique et en moquette ; réparer les sous-planchers ; installer une sous-couche et préparer les planchers du sous-sol. Vous apprendrez comment installer une prise électrique dans le plancher pour faciliter le branchement des électroménagers et comment installer un système de chauffage qui rendra les planchers plus agréables et confortables.

Préparation
des travaux

La préparation d'un projet peut être simple ou complexe : tout dépend de l'état du plancher existant. Pour prendre vos dispositions en vue de la préparation, examinez le plancher en suivant le processus décrit aux pages 34 à 37.

Obtenir une sous-couche en bon état, lisse et prête à recevoir le nouveau revêtement, est l'objectif premier de la préparation. Pour y arriver, vous devrez peut-être apporter certaines modifications au plancher existant, comme appliquer un produit à aplanir ou enlever complètement la sous-couche et réparer le sous-plancher à certains endroits. Ne bâclez pas le travail : vous n'obtiendriez qu'un plancher de piètre qualité.

Si vous installez une nouvelle sous-couche, vous devez absolument choisir le matériau approprié. Il existe différents types de sous-couches dans le commerce ; assurez-vous que celle que vous choisissez convient au type de revêtement que vous avez décidé d'installer.

Avant de commencer vos travaux de revêtement, enlevez tous les électro-ménagers et les appareils sanitaires de salle de bains : vous travaillerez plus commodément et plus aisément et vous éviterez aussi d'endommager des appareils électroménagers pendant le processus de préparation.

Prenez les mesures de sécurité nécessaires et portez des lunettes de sécurité, des gants de travail, des chaussures de travail et un masque antipoussières pendant les travaux de préparation.

Solutions pour enlever l'ancien revêtement de sol

N'enlever que le revêtement de sol. Si la sous-couche existante est résistante et en bon état, vous pourrez vous contenter de gratter le revêtement qui y adhère et de la nettoyer avant de la réutiliser.

Enlever le revêtement de sol et la sous-couche. Si la sous-couche est dans un état douteux, si elle est de qualité médiocre, ou si le plancher adhère à la sous-couche, enlevez en même temps le revêtement et la sous-couche. Vous gagnerez du temps en procédant de la sorte.

Conseils pour obtenir une sous-couche résistante

Réparez et préparez le sous-plancher. Avant d'installer la nouvelle sous-couche et le revêtement de sol, vissez le sous-plancher aux solives, là où il est desserré. Remplissez les renfoncements de produit à aplanir.

Utilisez des matériaux de qualité. Il est capital, pour la réussite de votre projet, que vous utilisiez une qualité de sous-couche appropriée au revêtement que vous allez poser. Si votre sous-couche est de mauvaise qualité ou si vous ne l'installez pas correctement, vous risquez d'obtenir une surface imparfaite une fois le travail terminé.

Outils et matériel de préparation

Parmi les outils qui permettent d'enlever un revêtement de sol et de préparer les surfaces, citons: la ponceuse vibrante (A), la scie à jambage (B), le couteau à mastiquer (C), le rouleau de plancher (D), la scie circulaire (E), le marteau (F), le maillet (G), la scie alternative (H), la perceuse sans cordon (I), la truelle rectangulaire (J), la truelle dentelée (K), l'agrafeuse (L), le petit levier (M), le levier plat (N), le pistolet chauffant (O), le ciseau de maçon (P), le pied-de-biche (Q), la tenaille (R), le couteau à plaques de plâtre (S), le ciseau à bois (T), le grattoir de plancher à long manche (U), le tournevis cruciforme (V), le tournevis ordinaire (W), le couteau universel (X), le niveau (Y).

En appliquant un produit à aplanir sur l'ancien revêtement de sol, vous le transformerez en une sous-couche lisse sur laquelle vous pourrez poser le nouveau revêtement. Le produit à aplanir, qui ressemble à du mortier, permet de préparer la surface de pose d'un revêtement résilient ou d'un plancher en carreaux de céramique à condition qu'il adhère suffisamment au sous-plancher pour former une sous-couche. Mélangez le produit à aplanir en suivant les instructions du fabricant et étalez-le en une couche mince sur le plancher, au moyen d'une truelle rectangulaire. Enlevez l'excédent de produit avec la truelle en vous assurant que tous les creux sont remplis. Le produit à aplanir commence à sécher après 10 minutes, vous devez donc travailler rapidement. Lorsqu'il est sec, grattez les aspérités avec le bord tranchant de la truelle.

Installation d'une sous-couche

La sous-couche est une couche de revêtement intermédiaire que l'on visse ou cloue au sous-plancher pour constituer une surface lisse et stable sur laquelle on posera le revêtement de sol. Le type de sous-couche de remplacement que vous installerez dépendra en partie du revêtement de sol que vous aurez choisi. Ainsi, les planchers en carreaux de céramique ou en pierre naturelle demandent une sous-couche qui résiste à l'humidité, comme celle en panneaux de ciment, par exemple. Pour les planchers en vinyle, utilisez un contreplaqué de qualité, car les fabricants de revêtements annulent leur garantie si les planchers ont été installés sur une sous-couche de qualité médiocre. Si vous comptez utiliser votre ancien revêtement de sol comme sous-couche, appliquez-y une couche de produit à aplanir (voir p. 44, en bas). Les planchers en lames de bois ou recouverts de moquette ne requièrent aucune sous-couche, et on les installe souvent directement sur un sous-plancher en contreplaqué.

Le contreplaqué est généralement utilisé comme sous-couche pour les revêtements en carreaux de vinyle ou pour les carreaux de céramique. Pour le vinyle, utilisez du contreplaqué extérieur AC de ¼ po (dont un côté au moins est parfaitement lisse). Les revêtements de sol en bois, comme le parquet, peuvent être installés sur du contreplaqué extérieur de moindre qualité. Pour les carreaux de céramique, utilisez du contreplaqué AC de ½ po. Lorsque vous installez le contreplaqué, laissez des espaces de dilatation de ¼ po le long des murs et entre les feuilles.

Le panneau de fibragglo-ciment est une sous-couche mince, de haute densité, utilisée sous les carreaux de céramique ou de vinyle lorsque la hauteur du plancher l'exige.

Le panneau de ciment n'est utilisé que sous les carreaux de céramique (ou la pierre). Sa stabilité dimensionnelle, même sous l'effet de l'humidité, en fait la meilleure sous-couche dans les endroits humides comme les salles de bains. Il coûte plus cher que le contreplaqué, mais c'est un bon investissement lorsque les carreaux couvrent une grande surface.

La membrane isolante sert à protéger les carreaux de céramique contre les mouvements causés par un plancher en béton qui se fissure. On l'utilise surtout sous la forme de bandes pour réparer des fissures, mais on peut également en recouvrir toute la surface d'un plancher. La membrane isolante existe aussi sous la forme d'un liquide qu'il suffit de déverser sur la surface du plancher.

contreplaqué

panneau de fibragglo-ciment

panneau de ciment

membrane isolante

Le produit de ragréage au latex remplit les cavités et les dépressions de la sous-couche. On s'en sert également pour couvrir les têtes de vis et de clous ainsi que pour remplir les joints de la sous-couche. Certains de ces produits contiennent des ingrédients secs et humides qu'il faut mélanger, d'autres sont prémélangés. Le produit s'applique avec une truelle ou un couteau à plaques de plâtre.

Comment préparer le projet de revêtement de sol

Débranchez et enlevez tous les appareils électroménagers. Lorsque vous les ramènerez dans la pièce, protégez le nouveau plancher en plaçant du carton ou du tissu épais sur le sol jusqu'à l'emplacement des appareils. Assurez-vous que l'adhésif du plancher est parfaitement sec avant de réinstaller les appareils.

Avant d'installer le revêtement de sol d'une salle de bains, enlevez la toilette et les autres appareils sanitaires fixés au sol. Coupez l'arrivée d'eau et débranchez le tuyau, puis enlevez les boulons qui fixent la toilette au sol.

Pelletez les débris de plancher dans une brouette placée à l'extérieur: cela facilitera et accélérera votre travail de démolition. Utilisez des feuilles de contreplaqué pour protéger la végétation entourant la fenêtre.

Ventilez la pièce dans laquelle vous effectuez les travaux, surtout si vous utilisez des adhésifs ou si vous enlevez l'ancien revêtement de sol. Placez un ventilateur dans une fenêtre ouverte pour qu'il aspire la poussière et les fumées toxiques hors de votre lieu de travail.

Agrafez du plastique en feuille sur les chambranles des portes pour empêcher la propagation des fumées et de la poussière dans le reste de la maison.

Recouvrez les grilles de chauffage et de ventilation au moyen de plastique en feuille et de ruban-cache pour empêcher la poussière et les débris de pénétrer dans les conduits.

Enlèvement des plinthes

Avant d'enlever l'ancien revêtement de sol, d'installer un nouveau sous-plancher ou une nouvelle sous-couche, et avant d'installer le nouveau plancher, vous devez enlever les plinthes. Sauf dans le cas du revêtement de sol en moquette, les plinthes reposent sur le plancher, pour dissimuler l'espace entre le plancher et le mur.

Si vous remplacez une moquette sans apporter de changements au sous-plancher, vous ne devez pas enlever les plinthes, car la moquette longera les plinthes sans passer en dessous.

Enlevez délicatement les plinthes sans les endommager, car vous devrez les replacer sur le nouveau plancher. Numérotez-les en les enlevant, vous pourrez ainsi les replacer dans l'ordre. Pour écarter une plinthe du mur, placez toujours une planchette inutilisée contre celui-ci pour ne pas l'abîmer.

Outils et matériel :

Couteau universel, levier, tenaille, planchette.

Comment enlever les plinthes

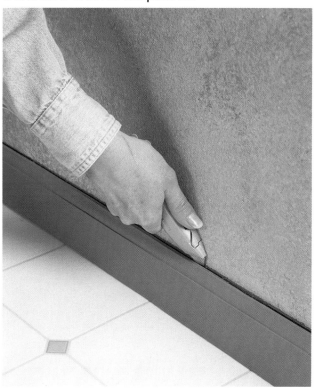

1 À l'aide d'un couteau universel, coupez la pellicule de peinture entre la plinthe et le mur.

2 Placez une planchette contre le mur pour ne pas abîmer celui-ci. Enlevez la plinthe au moyen d'un levier appuyé contre la planchette. Écartez la plinthe à l'emplacement de chaque clou. Numérotez les plinthes au fur et à mesure que vous les enlevez.

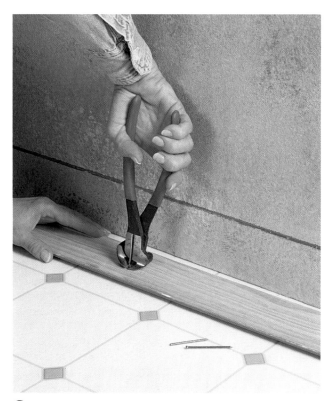

3 Enlevez les clous à l'aide d'une tenaille appuyée contre la face arrière de la plinthe.

Utilisez un grattoir de plancher pour enlever les morceaux de revêtement résilient et pour gratter l'adhésif ou les morceaux de support résiduels. Son long manche fait fonction de levier et procure la force nécessaire au travail. De plus, il est ergonomique. Il vous permettra d'enlever la plus grande partie du revêtement de sol, mais vous devrez achever le travail avec d'autres outils.

Enlèvement des revêtements de sol

Lorsqu'on enlève les anciens revêtements de sol, il faut absolument effectuer un travail bien fini et soigné pour que l'installation du nouveau revêtement soit satisfaisante.

La difficulté du travail dépend du type de revêtement auquel on a affaire et de la méthode qui a été utilisée pour l'installer. Il est généralement assez simple d'enlever les moquettes et le vinyle à encollage périmétrique, mais il en va tout autrement des revêtements en feuilles de vinyle à encollage complet, qui sont parfois difficiles à retirer, et des carreaux de céramique, dont l'enlèvement demande beaucoup de travail.

Pour tous ces travaux, assurez-vous que les lames de vos outils sont bien affûtées et évitez d'endommager la sous-couche si vous avez l'intention de la réutiliser. Par contre, si vous la remplacez, vous avez probablement avantage à l'ôter en même temps que le revêtement de sol.

Outils et matériel :

Grattoir de plancher, couteau universel, flacon à pulvériser, couteau à plaques de plâtre, aspirateur à eau et poussière, pistolet chauffant, masse, couteau de maçon, levier plat, tenaille, détergent à vaisselle.

Comment enlever le vinyle en feuille

1 Ôtez les plinthes si nécessaire. À l'aide d'un couteau universel, découpez l'ancien revêtement en bandes d'un pied de large environ.

2 Arrachez-en la plus grande partie possible à la main, en agrippant les bandes près du plancher pour éviter de les déchirer.

3 Si vous sentez une forte résistance, coupez des bandes plus étroites, d'environ 6 po de large. Commencez près du mur et arrachez la plus grande partie possible des bandes de revêtement restantes. Si l'envers en feutre du revêtement reste partiellement collé, aspergez-le, sous la surface décollée, d'une solution aqueuse de détergent à vaisselle, ce qui facilitera son enlèvement. Utilisez un couteau à plaques de plâtre pour enlever les morceaux qui restent collés.

4 Grattez le reste du revêtement avec un grattoir de plancher. Si nécessaire, aspergez l'envers du matériau avec la solution de détergent pour le décoller. Balayez le plancher pour enlever les débris, puis terminez le nettoyage avec un aspirateur à eau et poussière. CONSEIL : Remplissez l'aspirateur d'environ un pouce d'eau (pour éviter la poussière).

Comment enlever les carreaux de vinyle

1 Commencez le travail à l'endroit d'un joint décollé et enlevez les carreaux au moyen d'un grattoir de plancher à long manche. Ramollissez l'adhésif des carreaux récalcitrants à l'aide d'un pistolet chauffant et, à l'aide d'un couteau à plaques de plâtre, soulevez les carreaux et grattez l'adhésif attaché au plancher.

2 Grattez le reste de l'adhésif ou du dossier avec un grattoir de plancher, après avoir humidifié le plancher avec une solution aqueuse de détergent.

Comment enlever les carreaux de céramique

1 Détachez les carreaux en utilisant une masse et un ciseau de maçon. Commencez, autant que possible, dans un joint où le coulis s'effrite. Soyez prudent lorsque vous travaillez autour d'accessoires fragiles tels que les brides des drains.

2 Si vous avez l'intention de réutiliser la sous-couche, débarrassez-la des restes d'adhésif au moyen d'un grattoir de plancher. Vous devrez peut-être achever ce travail à l'aide d'une ponceuse munie d'une courroie à grains grossiers.

Comment enlever la moquette

1 À l'aide d'un couteau universel, découpez la moquette le long des bandes de seuil pour la dégager. Enlevez les bandes de seuil au moyen d'un levier plat.

2 Découpez la moquette en morceaux suffisamment petits pour pouvoir les arracher facilement. Enroulez-les, sortez la vieille moquette de la pièce et détachez ensuite la thibaude. NOTE: La thibaude est souvent agrafée au plancher et se déchirera en morceaux lorsque vous voudrez l'enrouler.

3 À l'aide d'une tenaille ou d'une pince, enlevez les agrafes du plancher. Si vous avez l'intention de poser une nouvelle moquette, conservez les bandes à griffes si elles sont en bon état.

VARIANTE: Pour enlever une moquette collée, commencez par la découper en bandes, à l'aide d'un couteau universel, puis arrachez-en la plus grande partie possible. À l'aide d'un grattoir de plancher, grattez les restes de coussin et d'adhésif.

Enlevez en une fois le revêtement de sol et la sous-couche. C'est la méthode la plus pratique lorsque le revêtement de sol est collé à la sous-couche.

Enlèvement de la sous-couche

Conseil

Les entrepreneurs enlèvent souvent en même temps la sous-couche et le revêtement, avant d'installer le nouveau revêtement. Ainsi, ils gagnent du temps et ils peuvent installer une nouvelle sous-couche parfaitement adaptée au nouveau revêtement de sol. Les bricoleurs qui utilisent cette technique doivent s'arranger pour découper le revêtement de sol en morceaux faciles à manipuler.

Avertissement : Cette méthode libère des particules de revêtement de sol dans l'atmosphère : assurez-vous que le revêtement que vous enlevez ne contient pas d'amiante.

Outils et matériel :

Lunettes de sécurité, gants, scie circulaire munie d'une lame à pointe de carbure, levier plat, scie alternative, ciseau à bois, marteau, protège-oreilles, masque antipoussières.

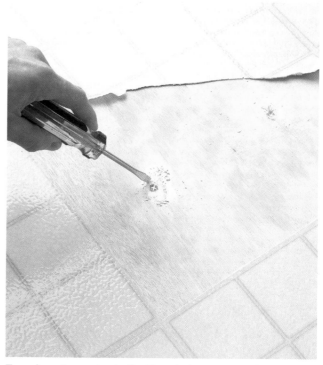

Examinez le mode de fixation de la sous-couche au sous-plancher. À l'aide d'un tournevis, dégagez les têtes des dispositifs de fixation. Si ce sont des vis, il vous faudra enlever le revêtement de sol pour pouvoir dévisser la sous-couche.

Comment enlever la sous-couche

1 Réglez la profondeur de coupe d'une scie circulaire pour qu'elle corresponde à l'épaisseur combinée du revêtement et de la sous-couche. Munissez la scie d'une lame à pointes de carbure et découpez le revêtement et la sous-couche en sections d'environ trois pieds carrés. Assurez-vous de porter des lunettes de sécurité et des gants.

2 Achevez le travail avec une scie alternative lorsque vous arrivez près des murs. Tenez la scie de manière que la lame soit légèrement inclinée par rapport au plancher et essayez de ne pas abîmer les murs ou les armoires. Prenez garde de ne pas dépasser la sous-couche. Utilisez un ciseau à bois pour achever le travail près des armoires.

3 Séparez la sous-couche du sous-plancher au moyen d'un levier et d'un marteau. Débarrassez-vous immédiatement de chaque section enlevée, en prenant garde aux clous qui dépassent.

VARIANTE : Si votre revêtement est en carreaux de céramique collés sur une sous-couche en contreplaqué, utilisez un maillet et un ciseau de maçon pour casser les carreaux le long de la ligne de coupe, avant de les découper en morceaux avec la scie circulaire.

Réparation des sous-planchers

Bien fixé, le sous-plancher prévient les mouvements et les craquements du plancher et garantit la durabilité du nouveau revêtement de sol.

Après avoir enlevé l'ancienne sous-couche, inspectez le sous-plancher pour découvrir d'éventuels joints desserrés, de possibles dommages causés par l'humidité, des fissures et autres défectuosités. Si le sous-plancher est fabriqué en bois de construction plutôt qu'en contreplaqué, vous pouvez réparer les endroits abîmés au moyen de contreplaqué; si la pièce de contreplaqué n'atteint pas la hauteur du sous-plancher, faites affleurer sa surface en la recouvrant d'une couche de produit à aplanir.

Outils et matériel :

Truelle, règle rectifiée, équerre de charpente, perceuse, scie circulaire, tire-clou, ciseau à bois, marteau, mètre à ruban, vis de 2 po, produit à aplanir, contreplaqué, bois scié de 2 po x 4 po, clous ordinaires 10d, gants de protection.

Conseil

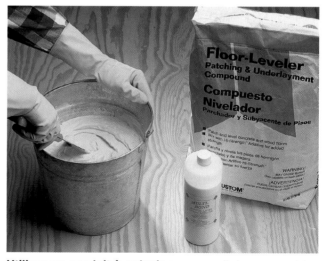

Utilisez un produit à aplanir pour remplir les creux et les parties basses des sous-planchers en contreplaqué. En suivant les instructions du fabricant, mélangez le produit avec un additif acrylique ou au latex.

Comment appliquer le produit à aplanir

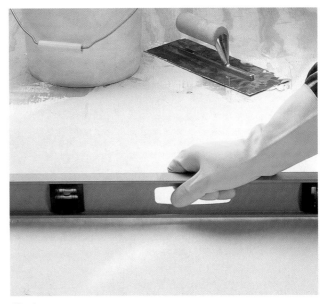

1 Mélangez le produit à aplanir conformément aux instructions du fabricant et étalez-le sur le sous-plancher, à l'aide d'une truelle. Étendez de minces couches successives, pour éviter tout excès. Laissez sécher chaque couche avant d'appliquer la suivante.

2 À l'aide d'une règle rectifiée, vérifiez si la surface réparée est au même niveau que la surface qui l'entoure ; ajoutez du produit à aplanir si nécessaire. Laissez sécher le produit et éliminez toute aspérité avec le bord de la truelle, ou poncez la surface, si nécessaire.

Comment remplacer une section de sous-plancher

1 Tracez un rectangle sur le sous-plancher, autour de la partie endommagée, en utilisant une équerre de charpente et en veillant à ce que deux côtés du rectangle soient centrés sur des solives du plancher. À l'aide d'un tire-clou, ôtez tous les clous se trouvant sur les lignes de coupe. Réglez la profondeur de coupe de la scie circulaire en fonction de l'épaisseur du sous-plancher et découpez le rectangle. Près des murs, achevez le travail à l'aide d'un ciseau.

2 Sortez la partie abîmée et consolidez l'endroit en clouant deux blocs en bois de 2 po x 4 po entre les solives, de manière que leur face supérieure soit centrée sous les bords de la découpe pratiquée dans le sous-plancher. Si possible, clouez les blocs « d'extrémité », en travaillant en dessous des solives. Sinon, enfoncez des clous 10d en biais.

3 Mesurez le trou et découpez la pièce de remplacement, en utilisant du contreplaqué de la même épaisseur que celle du sous-plancher d'origine. Fixez la pièce de remplacement aux solives et aux cales, à l'aide de vis de 2 po, espacées d'environ 5 po.

Réparation des solives

Le bombement d'une solive de plancher ne peut qu'empirer avec le temps et la solive finira par déformer le plancher. La réparation est facile à effectuer et la solive réparée améliorera considérablement la qualité du plancher fini. Il est préférable de repérer les solives défectueuses et de les réparer avant d'installer la sous-couche et le nouveau revêtement de sol.

Une façon de régler les problèmes de solives consiste à installer de nouvelles solives – appelées solives sœurs – contre les anciennes. Il faut parfois pratiquer des encoches aux deux extrémités inférieures de la solive, pour qu'elle puisse reposer sur la fondation ou sur les poutres de la fondation. Si c'est le cas, faites des entailles dont la profondeur ne dépasse pas l'épaisseur de la solive moins ⅛ po. Par exemple, dans une solive de 2 po x 12 po, dont la largeur réelle est 11 ½ po, ne pratiquez aucune entaille de plus de 1 ⅞ po de profondeur.

Outils et matériel :

Niveau de 4 pi, scie alternative, marteau, ciseau, clé ajustable, mètre à ruban, clé à rochet, tire-fonds de 3 po avec rondelles, bois de charpente, clous ordinaires 16d, intercalaires en bois dur, étançons en acier.

Comment redresser une solive bombée

1 Déterminez le point haut du bombement, à l'aide d'un niveau. Marquez le point le plus haut de la bosse et mesurez sa position par rapport à un élément qui traverse le plancher de part en part, comme un mur extérieur ou une gaine de chauffage.

2 À l'aide de cette mesure, marquez le point haut de la solive bombée, en dessous du plancher. Au moyen d'une scie alternative, faites une entaille droite dans la solive, de bas en haut, à l'endroit du point le plus haut du bombement. Entaillez la solive aux trois quarts. Attendez quelques semaines que la solive se relâche et se redresse.

3 Quand la solive a repris sa place, renforcez-la en clouant une planche de même largeur et épaisseur. La pièce de renfort doit avoir au moins 6 pi de long ; fixez-la au moyen de clous ordinaires 16d, plantés par paires, en quinconce, tous les 12 po. Enfoncez une rangée de trois clous de chaque côté de l'entaille faite dans la solive.

Comment réparer une solive fendue ou qui s'affaisse

1 Repérez la solive fendue ou qui s'affaisse avant qu'elle ne cause des problèmes. Enlevez les entretoises ou les croix de St-André qui se trouvent du côté de la solive abîmée où vous comptez installer la solive sœur.

2 Tenez un niveau de 4 pi contre le point inférieur de la solive, afin de déterminer l'ampleur de son affaissement. Coupez la solive sœur dans du bois de même dimension que celui de la solive abîmée. Placez-la contre la solive endommagée, le côté arqué vers le haut. Si nécessaire, pratiquez des encoches aux deux extrémités inférieures de la solive sœur, pour qu'elle puisse reposer sur la fondation ou sur les poutres de la fondation.

3 Préparez deux traverses en clouant ensemble, par paires, des morceaux de bois de 2 po x 4 po, de 6 pi de long. Placez un étançon et une traverse près d'une extrémité des solives. Placez l'autre traverse perpendiculairement aux solives et réglez grossièrement la hauteur de l'étançon. À l'aide d'un niveau, assurez-vous que l'étançon est d'aplomb.

4 Levez l'étançon en faisant tourner l'axe fileté qui dépasse à sa partie inférieure, jusqu'à ce que la traverse soit bien en contact avec les solives. Placez le deuxième étançon à l'autre extrémité des solives et levez-le lentement. Arrêtez dès que la solive sœur se trouve à ras du sous-plancher. Installez des intercalaires biseautés en bois dur aux extrémités de la solive sœur, entre les parties entaillées et la lisse ou les poutres de la fondation. Enfoncez soigneusement les intercalaires à coups de marteau, mais juste assez pour qu'ils soient bloqués.

5 Forez une paire d'avant-trous tous les 12 po, puis vissez dans chaque avant-trou un tire-fond de 3 po muni d'une rondelle. Coupez les entretoises ou les croix de St-André à la bonne longueur et réinstallez-les aux endroits d'origine, entre les solives.

Installation d'une sous-couche

Lorsque vous installez une nouvelle sous-couche, attachez-la fermement partout au sous-plancher, même
en dessous des appareils électroménagers mobiles.
Découpez-la pour qu'elle épouse les contours de la pièce.
Prenez tout le temps nécessaire pour relever des mesures
précises et pour les reporter sur la sous-couche.

Au lieu de découper la sous-couche pour contourner les
encadrements de portes et autres moulures, vous pouvez
entailler ces garnitures pour pouvoir y glisser la sous-
couche.

Le guide de la page 45 vous aidera à choisir la sous-
couche appropriée à votre nouveau revêtement de sol.

Outils et matériel :

Perceuse, scie circulaire, couteau à plaques de plâtre,
ponceuse à commande mécanique, truelle à encoches de ¼ po, règle rectifiée, couteau universel, scie
sauteuse à lame de carbure, truelle à encoches de
⅛ po, rouleau de plancher, sous-couche, vis de 1 po,
produit à aplanir, additif au latex, mortier à prise
rapide, vis galvanisées de 1 ½ po, ruban à plaques de
plâtre en fibre de verre maillée.

Comment installer une sous-couche en contreplaqué

1 Commencez par installer une feuille entière de contreplaqué le long du mur le plus long, en vous assurant que les joints de la sous-couche ne sont pas alignés sur ceux du sous-plancher. Fixez le contreplaqué au sous-plancher au moyen de vis de 1 po, enfoncées tous les 6 po le long des bords, et tous les 8 po dans le reste de la feuille.

2 Continuez d'attacher les feuilles de contreplaqué au sous-plancher, en enfonçant légèrement les têtes des vis sous la surface de la sous-couche. Laissez un joint de dilation de ¼ po le long des murs et entre les feuilles. Décalez les joints d'une rangée à l'autre.

3 Utilisez une scie circulaire ou une scie sauteuse pour pratiquer des entailles dans les feuilles de contreplaqué de manière que le contreplaqué épouse les découpes du plancher aux entrées de porte; attachez ces feuilles au sous-plancher.

4 Mélangez un additif à base de latex ou de résine acrylique à du produit de ragréage de plancher, en suivant les instructions du fabricant et, à l'aide d'un couteau à plaques de plâtre, étalez le mélange sur les joints et les têtes des vis.

5 Laissez sécher le reboucheur et poncez ensuite ces endroits au moyen d'une ponceuse à commande mécanique.

Comment installer des panneaux de ciment

1 Mélangez du mortier à prise rapide en suivant les instructions du fabricant. Commencez par le mur le plus long et, à l'aide d'une truelle à encoches de ¼ po, étendez le mortier sur le sous-plancher en faisant des huit. Étendez chaque fois le mortier nécessaire à l'installation d'un seul panneau. Placez le panneau sur le mortier, le côté rugueux vers le haut, en vous assurant que les bords du panneau sont décalés par rapport aux joints du sous-plancher.

2 Fixez le panneau de ciment au sous-plancher, en utilisant des vis galvanisées de 1 ½ po, enfoncées tous les 6 po le long des bords, et tous les 8 po sur le reste du panneau. Enfoncez les têtes jusqu'au ras de la surface. Continuez d'installer les panneaux le long des murs après avoir étalé le mortier sur le sous-plancher. OPTION : Si vous installez une sous-couche en fibragglo-ciment, utilisez une truelle à encoches de ³⁄₁₆ po pour étaler le mortier et forez des avant-trous pour toutes les vis.

3 Coupez les panneaux de ciment aux endroits voulus, en laissant un espace vide de ⅛ po à l'endroit de tous les joints, et de ¼ po le long du périmètre de la pièce. Pour effectuer des coupes droites, utilisez un couteau universel pour tracer une rainure à travers la couche de fibre maillée et cassez ensuite le panneau en donnant un coup sec le long de cette ligne.

4 Pour découper des ouvertures, des encoches ou des formes irrégulières, utilisez une scie sauteuse munie d'une lame au carbure. Continuez d'installer les panneaux de ciment jusqu'à ce que le plancher soit entièrement recouvert.

5 Placez du ruban à plaques de plâtre en fibre de verre maillée sur les joints. À l'aide d'un couteau à plaques de plâtre, appliquez une mince couche de mortier à prise rapide sur les joints, de manière à remplir les espaces vides entre les panneaux et à recouvrir le ruban d'une mince couche de mortier. Laissez sécher le mortier pendant deux jours avant de commencer à installer les carreaux.

60

Comment installer une membrane isolante

1 Nettoyez à fond le sous-plancher, puis appliquez une mince couche de mortier à prise rapide à l'aide d'une truelle à encoches de ⅛ po. Commencez à étendre le mortier le long d'un mur, sur une surface aussi large que la membrane et qui a entre 8 et 10 pi de long. NOTE: Pour certaines membranes, il faut utiliser un autre produit que le mortier. Lisez sur l'étiquette les instructions fournies par le fabricant.

2 Déroulez la membrane sur la couche de mortier. Coupez-la au ras des murs à l'aide d'une règle rectifiée et d'un couteau universel.

3 En partant du centre de la membrane, égalisez la surface en poussant un lourd rouleau à plancher vers les bords. Cette opération permet d'évacuer l'air emprisonné sous la membrane et d'exsuder l'excès d'adhésif.

4 Répétez les trois premières étapes ci-dessus, en coupant la membrane aux endroits voulus, le long des murs et autour des obstacles, jusqu'à ce que celle-ci couvre entièrement le plancher. Ne faites pas chevaucher les bandes, mais assurez-vous qu'elles sont jointives. Laissez sécher le mortier pendant deux jours avant d'installer les carreaux.

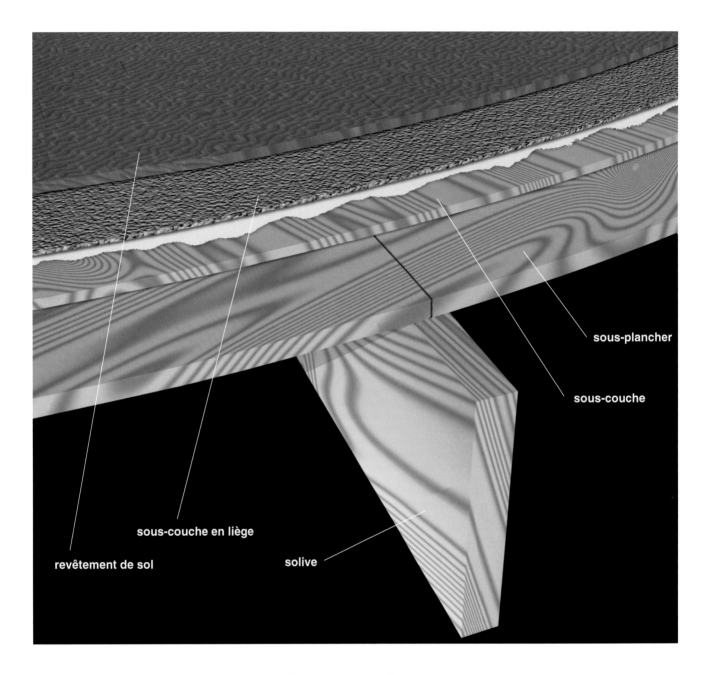

sous-plancher

sous-couche

sous-couche en liège

revêtement de sol

solive

Installation d'une sous-couche insonorisante

La sous-couche insonorisante atténue la transmission du bruit à travers le plancher et les cloisons. On l'utilise principalement sous les revêtements de sol durs, tels que le bois dur, les carreaux de céramique, la pierre et le revêtement stratifié.

Les matériaux insonorisants disponibles sur le marché sont nombreux; citons par exemple la mousse insonorisante, la mousse recyclée et la laine minérale. On présente ici l'installation d'une sous-couche en liège, produit naturel qui atténue la transmission du bruit.

En premier lieu, placez le liège dans la pièce pendant 72 heures au moins, en vous assurant qu'il est bien ventilé et séché, pour l'acclimater à la pièce. Le liège s'applique directement sur une sous-couche de contreplaqué sec et

de niveau, placée sur un sous-plancher en contreplaqué. Les fissures, les trous et les joints de la sous-couche en contreplaqué doivent avoir été préalablement bouchés à l'aide d'un produit de ragréage à base de ciment. On installera ensuite le plancher directement sur le liège.

Outils et matériel :

Couteau universel, couteau à plaques de plâtre, truelle à encoches en V, règle rectifiée, rouleau à plancher, produit de ragréage à base de ciment, adhésif, sous-couche en liège.

Comment installer une sous-couche insonorisante

1 À l'aide d'un produit de ragréage à base de ciment et d'un couteau à plaques de plâtre, bouchez les trous, les fissures et les joints éventuels de la sous-couche de contreplaqué. Attendez que le produit sèche et nettoyez le sous-plancher avant de poursuivre le travail.

2 Découpez des bandes de liège de 2 po de large au moyen d'un couteau universel et d'une règle rectifiée. Utilisez un adhésif approuvé par le fabricant pour coller les bandes au bas des murs, le bord inférieur de celles-ci touchant le plancher. Pressez fermement les bandes pour éliminer les bulles d'air.

3 Déroulez la feuille de liège sur la longueur de la pièce et appuyez-la contre les bandes de 2 po.

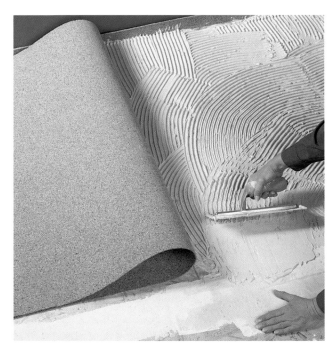

4 Repliez au moins la moitié du liège étendu sur le plancher. Appliquez de l'adhésif sur la sous-couche en contreplaqué et étalez-le au moyen d'une truelle à encoches en V. Dépliez le liège sur l'adhésif.

5 Passez un rouleau à plancher sur le liège, d'avant en arrière et de gauche à droite. Répétez ces opérations pour coller l'autre moitié de la sous-couche de liège à la sous-couche en contreplaqué. Couvrez le reste du plancher de la même manière. Aboutez les feuilles de liège, à l'emplacement des joints, mais sans qu'elles se chevauchent.

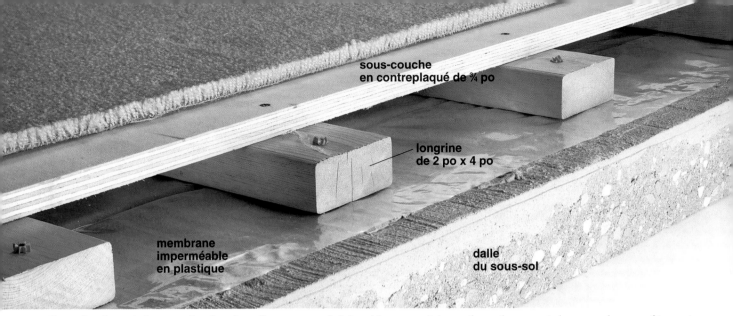

sous-couche
en contreplaqué de ¾ po

longrine
de 2 po x 4 po

membrane
imperméable
en plastique

dalle
du sous-sol

Dans la plupart des cas, le plancher d'un sous-sol doit subir une certaine préparation avant de recevoir un revêtement. Grâce aux produits de ragréage et aux produits à aplanir, on peut rendre le béton brut plus lisse et on peut, en installant un sous-plancher, créer une nouvelle surface qui a le même aspect qu'un plancher encadré en bois.

Préparation des planchers de sous-sols

L'état du plancher en béton du sous-sol, le revêtement de sol que vous comptez installer et la sensation attendue du plancher, sous le pied, détermineront la préparation qu'il doit recevoir. Les fabricants de planchers indiquent comment il faut installer leurs produits sur du béton. Suivez leurs spécifications à la lettre, car la validité de la garantie en dépend. Il faut choisir un type de revêtement de sol avant de préparer le plancher. Il faut également régler tout problème éventuel d'humidité avant de recouvrir le plancher en béton.

Pour poser le revêtement de sol directement sur le béton, il faut que celui-ci soit lisse et parfaitement plane. Bouchez les fissures, les trous et les joints de dilatation au moyen d'un produit de ragréage pour plancher, à base de vinyle ou de ciment. Si le béton est particulièrement rugueux ou inégal, appliquez-y un produit à aplanir les planchers, c'est-à-dire un liquide à base de ciment qui s'étale bien en remplissant les inégalités du plancher et qui, lorsqu'il est sec, laisse une surface dure et lisse, et horizontale.

Si vous désirez que le plancher soit plus souple, commencez par poser un sous-plancher en bois, qui formera une surface plane, de niveau, plus confortable sous le pied qu'une surface en béton. Ce sous-plancher servira de surface de clouage pour certains types de revêtements. Comme le sous-plancher diminue la hauteur utile du sous-sol, vous pouvez atténuer cet effet en installant des longrines de 1 po x 4 po plutôt que des longrines de 2 po x 4 po. Examinez également l'effet qu'aura la hauteur du plancher sur le passage d'une pièce à l'autre et sur la marche inférieure de l'escalier menant au sous-sol.

Avant d'installer les longrines, déterminez l'emplacement des cloisons. Si un mur de séparation tombe entre deux longrines parallèles, ajoutez une longrine supplémentaire qui supportera le mur en question.

Outils et matériel :

Aspirateur, ciseau de maçon, marteau, truelle, grattoir de plancher, rouleau à longs poils, brouette, couteau universel, râteau calibré, niveau de 4 pi, scie circulaire, pistolet à calfeutrer, marteau cloueur à cartouche, cordeau traceur, perceuse, masse, produit de ragréage pour planchers à base de vinyle, apprêt à béton, produit à aplanir, bois scié de 2 po x 4 po traité sous pression, polyéthylène en feuille de 6 millièmes po, ruban adhésif d'emballage, intercalaires en cèdre, adhésif de construction, attaches à béton, contreplaqué de ¾ po à rainure et languette, vis à plaques de plâtre de 2 po.

Conseil pour déceler les problèmes d'humidité

Pour vérifier si le plancher pose un problème d'humidité, posez un morceau de plastique de 2 pi x 2 pi sur le plancher et attachez-le au moyen de ruban adhésif entoilé. Retirez le plastique après 24 heures : s'il est humide, le plancher présente un problème d'humidité. N'installez pas de revêtement de sol avant d'avoir réglé ce problème.

Comment ragréer les planchers en béton

1 Passer l'aspirateur sur le plancher et enlevez les particules de béton écaillé au moyen d'un ciseau de maçon et d'un marteau. Mélangez un lot de produit de ragréage pour plancher à base de vinyle en suivant les instructions du fabricant. Appliquez le produit avec une truelle en le faisant déborder légèrement des cavités. Égalisez la réparation pour qu'elle se fonde dans la surface qui l'entoure.

2 Laissez sécher le produit de ragréage, puis utilisez un grattoir de plancher pour lisser les endroits réparés.

Comment appliquer le produit à aplanir

1 Enlevez les particules de produit détaché et nettoyez complètement le béton pour qu'il soit exempt de poussière, de saleté, d'huile et de peinture. Étalez une couche uniforme d'apprêt à béton sur toute la surface, à l'aide d'un rouleau à poils longs. Laissez sécher complètement l'apprêt avant de poursuivre le travail.

2 Suivez les instructions du fabricant pour mélanger le produit à aplanir avec de l'eau. Le lot préparé devrait être suffisant pour couvrir, le cas échéant, toute la surface du plancher d'une couche assez épaisse (pouvant atteindre 1 po). Versez le produit à aplanir sur le plancher.

3 Étalez uniformément le produit à aplanir aux endroits voulus au moyen d'un râteau calibré ou d'un outil à enduire. Ne traînez pas, car le produit à aplanir commence à durcir après 15 minutes. Utilisez une truelle pour amincir les bords afin que la réparation se fonde dans les parties non couvertes de produit. Laissez sécher le produit à aplanir pendant 24 heures.

Comment installer un sous-plancher dans le sous-sol

1 Enlevez le béton détaché ou les aspérités au moyen d'un ciseau de maçon et d'un marteau, puis passez l'aspirateur sur tout le plancher. Déroulez des bandes de polyéthylène de 6 millièmes po en feuille, en les faisant remonter sur chaque mur, sur une hauteur de 3 po. Faites chevaucher les bandes sur 6 po et scellez ensuite les joints au moyen de ruban adhésif d'emballage. Retenez temporairement les bords supérieurs des bandes sur les murs à l'aide de ruban adhésif. Veillez à ne pas endommager les bandes de polyéthylène.

2 Posez des morceaux de bois traité sous pression de 2 po x 4 po le long du périmètre de la pièce, à une distance de ½ po des murs (mortaise).

3 À l'aide d'une scie circulaire, coupez les longrines et posez-les entre les bordures du périmètre, en laissant un espace vide de ¼ po à chaque extrémité. Placez la première longrine pour que son centre se trouve à 16 po du bord extérieur de la bordure du périmètre. Placez les autres longrines à tous les 16 po de centre à centre.

4 Si cela s'avère nécessaire, utilisez des intercalaires en cèdre pour remplir les creux et corriger les irrégularités du plancher. Placez un niveau de 4 pi sur les longrines voisines de la longrine concernée. Appliquez de l'adhésif de construction sur deux intercalaires et glissez ceux-ci, de part et d'autre, sous cette longrine, en les enfonçant jusqu'à ce qu'elle arrive au niveau des longrines voisines.

66

5 Fixez au plancher les bordures périmétriques et les longrines, en utilisant un marteau cloueur à cartouche ou des vis de maçonnerie. Enfoncez une attache au centre de chaque longrine, tous les 16 po. Les têtes des attaches ne doivent pas dépasser de la surface des longrines. Placez une attache à l'emplacement de chaque paire d'intercalaires, en vous assurant que l'attache traverse les deux intercalaires.

ligne de référence

6 Tracez une ligne de référence pour la première rangée de feuilles de contreplaqué, en traçant, à 49 po du mur, un trait sur chacune des deux longrines extrêmes. À l'aide d'un cordeau traceur aligné sur ces deux traits, faites un trait sur chaque longrine intermédiaire. Posez un cordon d'adhésif de ¼ po de large sur les six premières longrines, en vous arrêtant juste avant la ligne de référence.

7 Placez la première feuille de contreplaqué de manière que son extrémité se trouve à ½ po du mur et que son bord rainuré vienne au ras de la ligne de référence. Fixez la feuille aux longrines au moyen de vis à plaques de plâtre de 2 po. Enfoncez une vis tous les 6 po le long du périmètre, et tous les 8 po ailleurs. N'enfoncez pas de vis le long du bord rainuré avant d'avoir placé la feuille suivante.

demi-feuille

8 Installez les autres feuilles de la première rangée en les séparant de ⅛ po. Commencez la deuxième rangée en installant une demi-feuille (de 4 pi de long), de manière à décaler les joints d'une rangée à l'autre. Introduisez la languette de la demi-feuille dans la rainure de la feuille adjacente de la première rangée. Si nécessaire, utilisez une masse et un bloc de bois pour fermer le joint (mortaise). Après avoir installé la deuxième rangée, entamez l'installation de la troisième rangée en commençant par une feuille entière. Répétez ces opérations jusqu'à ce que le sous-plancher soit complètement installé.

chevron   solives de plancher

mur porteur extérieur   mur porteur intérieur

Construction des planchers des combles

Les planchers de la plupart des combles non finis sont constitués des solives du plafond de l'étage en dessous, mais celles-ci sont trop fragiles pour supporter des salles de séjour. Cependant, si votre plancher est déjà muni de poutres de plancher triangulées, de solives de 2 po x 8 po ou plus, ou de la même charpente que le plancher de votre étage principal, ce plancher ne doit probablement pas être renforcé. En cas de doute, consultez un professionnel.

Vous pouvez renforcer la structure du plancher de votre comble de différentes façons. La méthode la plus simple consiste à ajouter des solives, identiques aux solives existantes, et de les clouer à celles-ci. C'est la méthode des solives sœurs, qui s'applique lorsque les solives sont endommagées ou desserrées, lorsqu'elles grincent ou qu'elles ne peuvent supporter un poids supplémentaire.

La méthode des solives sœurs ne peut être appliquée lorsque les solives sont de dimensions inférieures à 2 po x 6 po, lorsqu'elles sont trop espacées, ou lorsqu'elles rencontrent des obstacles, tels que les clés de plâtre du plafond de l'étage en dessous. Dans ces cas-là, on peut construire un nouveau plancher en installant des solives plus grandes entre les solives existantes. En appuyant les solives sur des étrésillons de 2 po x 4 po, on évitera les obstacles et on réduira les dommages causés au plafond de l'étage en dessous. Il faut toutefois se rappeler que les étrésillons réduiront la hauteur libre de 1 ½ po, réduction qui viendra s'ajouter à celle résultant de la différence de hauteur des solives.

Pour déterminer la méthode qui convient à votre cas, consultez un architecte, un ingénieur, ou un entrepreneur en construction, de même que l'inspecteur des bâtiments de l'endroit. Demandez-leur quelles dimensions doivent avoir les solives, et quelles options s'offrent dans votre région. La dimension des solives est basée sur la portée (c'est-à-dire la distance entre les points d'appui), l'espacement des solives (qui est normalement de 16 ou 24 po de centre à centre) et le type de bois utilisé. Dans la plupart des cas, le plancher du comble doit pouvoir supporter une charge dynamique (les occupants, les meubles) de 40 lb/pi^2, et une charge statique (plaques de plâtre, revêtement de sol) de 10 lb/pi^2.

Les cavités entre les solives offrent suffisamment d'espace pour dissimuler la plomberie, les fils électriques et les conduits amenant les services dans le comble; vous devez donc considérer ces systèmes lorsque vous planifiez vos travaux. Vous devrez également prévoir l'emplacement des murs de séparation, afin de déterminer s'il faut ajouter des étrésillons entre les solives.

Lorsque l'ossature sera terminée, que les éléments mécaniques et l'isolation seront en place et que tout aura été inspecté et approuvé, achevez le plancher en installant le contreplaqué de ¾ po à rainure et languette. Si la transformation comprend des murs nains, vous n'êtes pas obligé d'installer le sous-plancher derrière les murs nains, mais nous vous conseillons de le faire pour les raisons suivantes: un sous-plancher complet renforce le plancher et il constitue une robuste surface de rangement. Avant d'entreprendre le projet, vérifiez auprès du service de construction local si vous avez besoin d'un permis de construction.

Outils et matériel :

Scie circulaire, équerre à chevrons, perceuse, mètre à ruban, pistolet à calfeutrer, bois de solive, clous ordinaires 8d, 10d, 16d, bois scié de 2 po x 4 po, contreplaqué de ¾ po à rainure et languette, adhésif de construction; vis à plaques de plâtre de 2 ¼ po.

Comment ajouter des solives sœurs

1 Retirez l'isolant qui se trouve entre les solives et enlevez prudemment les étrésillons qui les réunissent. Déterminez la longueur des solives sœurs en vous basant sur celle des solives existantes. Prenez des mesures à l'extrémité extérieure de chaque solive afin de pouvoir déterminer la partie du coin supérieur de la solive qui a été enlevée pour pouvoir insérer la solive sous le revêtement intermédiaire du toit. NOTE : Les solives qui reposent sur un mur porteur doivent se chevaucher sur au moins 3 po.

2 Avant de couper les solives, examinez-les de chant pour vérifier si elles ne sont pas courbées dans le sens de la longueur. Le cas échéant, dessinez une flèche orientée dans la direction de l'arc et installez les solives le bombement vers le haut, la flèche indiquant le dessus de la solive. Coupez chaque solive à la bonne longueur et taillez son coin extérieur supérieur pour qu'elle coïncide avec sa solive sœur.

3 Placez chaque nouvelle solive contre sa solive sœur en alignant leurs extrémités. À l'aide de deux clous ordinaires 16d, clouez en biais chaque solive à la sablière de chacun de ses murs porteurs.

4 Clouez les solives ensemble en utilisant des clous ordinaires 10d, par rangées de trois, espacées de 12 à 16 po. Pour réduire au minimum les dommages causés par les coups de marteau à la surface du plafond de l'étage inférieur (tels que les fissures ou le soulèvement des clous), vous pouvez utiliser un marteau cloueur pneumatique (loué dans un centre de location) ou des vis tire-fond de 3 po au lieu de clous. Installez de nouveaux étrésillons entre les solives, conformément aux exigences du code local du bâtiment.

Comment construire un nouveau plancher de comble

1 Ôtez les étrésillons reliant les solives existantes, en prenant garde de ne pas abîmer le plafond de l'étage inférieur. Coupez des étrésillons en bois de 2 po x 4 po de manière qu'ils s'insèrent juste entre deux solives voisines, et placez-les à plat sur la sablière de tous les murs porteurs avant de les clouer en biais à leur place, à l'aide de clous ordinaires 16d.

2 Marquez l'emplacement des nouvelles solives en prenant les mesures entre les faces supérieures des solives existantes et en utilisant une équerre à chevrons pour reporter ces mesures en bas, sur les étrésillons. En respectant une distance de 16 po de centre à centre des solives, marquez l'emplacement de chaque nouvelle solive le long d'un mur extérieur et tracez les mêmes repères sur le mur porteur intérieur. Notez que les repères tracés sur l'autre mur extérieur seront décalés de 1 ½ po en raison du chevauchement des solives à l'endroit du mur porteur intérieur.

3 Pour déterminer la longueur des solives, mesurez la distance entre l'extrémité extérieure du mur extérieur et l'extrémité la plus éloignée du mur porteur intérieur. Les solives doivent se chevaucher sur au moins 3 po au-dessus du mur intérieur. Avant de couper les solives, marquez le côté supérieur de chacune d'elles. Coupez les solives à la bonne longueur et taillez leur coin supérieur extérieur pour que leur extrémité s'insère juste sous le revêtement intermédiaire du toit.

4 Placez les solives sur les repères. Clouez en biais l'extrémité extérieure de chaque solive, à l'aide de trois clous ordinaires 8d que vous plantez dans l'étrésillon du mur extérieur.

5 Clouez les solives ensemble là où elles s'adossent les unes aux autres, au-dessus du mur porteur intérieur, en utilisant chaque fois trois clous 10d. Clouez en biais les solives aux étrésillons, au-dessus du mur porteur intérieur, en utilisant des clous 8d.

6 Installez des étrésillons entre les solives, conformément aux exigences du code local du bâtiment. Nous vous recommandons d'installer des étrésillons au moins aux endroits suivants : aussi près que possible des extrémités extérieures des nouvelles solives et aux endroits où elles s'adossent les unes aux autres, au-dessus du mur intérieur.

Installation du sous-plancher

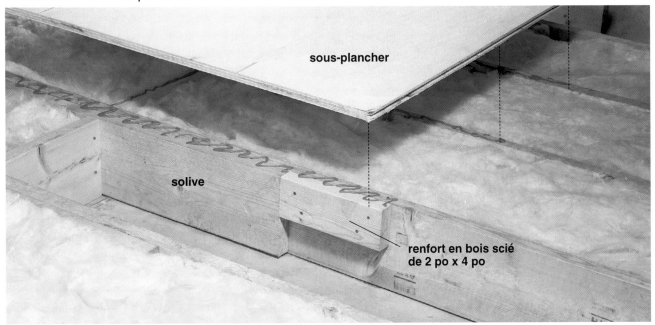

sous-plancher

solive

renfort en bois scié
de 2 po x 4 po

N'installez le sous-plancher qu'après avoir terminé toute l'ossature, la plomberie, le câblage et l'installation des conduits, et après que le travail exécuté a été inspecté et approuvé. Installez également l'isolant et calfeutrez les endroits nécessaires pour insonoriser le comble. Fixez les feuilles de contreplaqué avec de l'adhésif de construction et des vis à plaques de plâtre ou des vis ordinaires de 2 ¼ po, en veillant à ce que les feuilles de contreplaqué soient perpendi-culaires aux solives et à ce que leurs joints soient décalés d'une rangée à l'autre. Aux endroits où les solives sont adossées les unes aux autres, au-dessus d'un mur porteur intérieur, ajoutez un renfort de manière à compenser le décalage de l'agencement. Clouez un morceau de bois scié de 2 po x 4 po (ou plus) sur le côté de chaque solive : il supportera les bords des feuilles de contreplaqué à ces endroits.

Installation d'un système de réchauffage de plancher

Le carreau de céramique est un excellent revêtement de sol, mais il a un gros inconvénient: il est froid, ce qui est particulièrement désagréable lorsqu'on est pieds nus. Vous pouvez facilement remédier à cette situation en installant un système de réchauffage de plancher.

Un système normal de réchauffage de plancher comprend un ou plusieurs matelas minces contenant des résistances électriques qui chauffent lorsqu'elles sont traversées par un courant électrique, tout comme dans une couverture chauffante. On installe ces matelas sous le carrelage et on les connecte à un circuit de 120 volts à disjoncteur de mise à la terre. Un thermostat contrôle la température du plancher, et une minuterie met automatiquement le système sous tension et hors tension. Le système de réchauffage de plancher consomme très peu de courant et ne sert qu'à réchauffer le plancher; on ne s'en sert généralement pas comme unique source de chaleur dans une pièce.

Étape importante de l'installation: tester à plusieurs reprises la résistance du système pour s'assurer que les fils chauffants n'ont pas été endommagés pendant le transport ou l'installation. L'alimentation électrique d'un système de réchauffage de plancher dépend de sa taille. Si vous installez un nouveau circuit, vous devrez probablement demander à un électricien de réaliser la connexion au tableau de distribution.

Pour commander un système de réchauffage de plancher, communiquez avec le fabricant ou son représentant. Dans la plupart des cas, vous pourrez leur envoyer les plans de votre pièce et ils vous proposeront un système fait sur mesure. Ces systèmes s'installent également sous un plancher en stratifié ou en vinyle, ou encore sous un plancher flottant. Ne les utilisez pas sous un revêtement de sol en bois cloué, car les clous risquent de percer les fils électriques. N'utilisez pas non plus de papier feutre asphalté comme sous-couche. Ce papier dégage une odeur très désagréable lorsqu'on le chauffe. Utilisez du papier colophane plutôt que du papier feutre.

Outils et matériel :

Multimètre, perceuse, fil à plomb, ciseau à bois, coupe-tube, outil tout usage, aspirateur, cordeau traceur, meuleuse, pistolet colleur, fil de tirage, cisaille type aviation, truelle à encoches carrées de ⅜ po x ¼ po, outils et matériel de carrelage, système de réchauffage de plancher, boîte électrique double de 2 ½ po x 4 po avec adaptateur de couvercle de 4 po, boîte électrique simple de 2 ½ po de profondeur, conduit électrique à paroi mince de ½ po de diamètre, colliers à vis de serrage, câble NM de calibre 12, serre-câbles, ruban double face, ruban isolant, serre-câbles isolés, serre-fils.

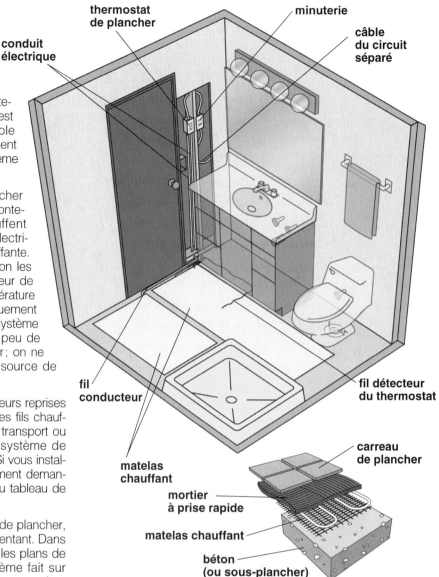

thermostat de plancher

minuterie

câble du circuit séparé

conduit électrique

fil conducteur

fil détecteur du thermostat

carreau de plancher

matelas chauffant

mortier à prise rapide

matelas chauffant

béton (ou sous-plancher)

Les systèmes de réchauffage de plancher doivent faire partie d'un circuit ayant une intensité de courant adéquate et muni d'un disjoncteur de fuite à la terre (que le fabricant intègre parfois au système). Les petits systèmes peuvent être reliés à un circuit existant, mais les systèmes plus importants requièrent souvent un circuit séparé. Conformez-vous aux prescriptions des codes locaux de l'électricité et du bâtiment qui s'appliquent à votre cas.

Comment installer un système de réchauffage de plancher

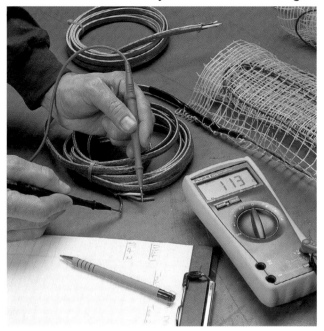

1 Vérifiez la résistance électrique (en Ohms) de chaque matelas chauffant à l'aide d'un multimètre. Notez les lectures et comparez-les à celles relevées en usine par le fabricant. Les vôtres doivent tomber dans les limites acceptables, déterminées par le fabricant. Si ce n'est pas le cas, le matelas a été endommagé et il ne faut pas l'installer ; informez-en le fabricant.

2 Ôtez la surface murale pour exposer la charpente. Placez les boîtes à environ 60 po du plancher, en vous assurant que les fils conducteurs des matelas chauffants atteignent la boîte double. Montez la boîte électrique double de 2 ½ po de profondeur x 4 po de large (du thermostat) sur le poteau mural le plus rapproché de l'endroit choisi, et la boîte électrique simple (de la minuterie) de l'autre côté du même poteau.

3 À l'aide d'un fil à plomb, marquez sur la lisse les points qui se trouvent à la verticale des deux pastilles défonçables de la boîte du thermostat. À chacun de ces points, forez un trou de ½ po de diamètre, dans le côté horizontal de la lisse, et forez ensuite, le plus près possible du plancher, deux autres trous, horizontaux et perpendiculaires aux premiers, qui les rencontrent. Nettoyez les trous avec un ciseau à bois pour faciliter le passage.

4 À l'aide d'un coupe-tube, coupez deux longueurs de conduit électrique de ½ po à paroi mince que vous installerez entre la boîte du thermostat et la lisse. Enfoncez environ ¼ po de l'extrémité inférieure de chaque conduit dans la lisse et fixez l'extrémité supérieure à la boîte du thermostat, au moyen de colliers à vis de serrage. Si vous installez trois matelas ou plus, utilisez plutôt un conduit de ¾ po de diamètre.

Suite à la page suivante

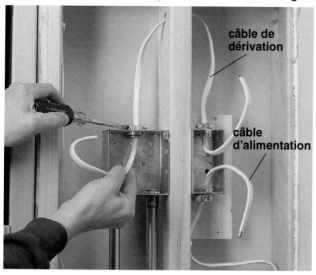

câble de dérivation

câble d'alimentation

2 po minimum

5 Installez un câble électrique NM (non métallique) de calibre 12, qui va du tableau de distribution (alimentation de courant) à la boîte de la minuterie. Attachez le câble à la boîte, au moyen d'un collier de serrage, en laissant dépasser de la boîte un bout de câble de 8 po de long. Forez, au centre du poteau mural, un trou de ⅝ po, environ 12 po au-dessus des boîtes. Installez un bout de câble de dérivation allant de la boîte de la minuterie à la boîte du thermostat, en l'attachant de part et d'autre au moyen de colliers de serrage. Le câble de dérivation ne doit pas être tendu en traversant le poteau.

6 Passez soigneusement le plancher à l'aspirateur. Faites le schéma d'agencement des carreaux de céramique et tracez les lignes de référence en vue de leur installation (voir page 80). Étendez les matelas chauffants sur le plancher, en plaçant les fils conducteurs le plus près possible des boîtes électriques. Gardez les matelas à une distance de 3 à 6 po des murs, des douches, des baignoires et des bords de la toilette. Vous pouvez les placer dans les retraits d'un meuble-lavabo, mais pas en dessous ni sur les joints de dilatation de la dalle de béton. Rapprochez les bords des matelas, mais ne les faites pas chevaucher : les fils chauffants de chaque matelas doivent se trouver à au moins 2 po de ceux du matelas voisin.

7 Vérifiez si les fils conducteurs atteignent bien la boîte du thermostat. Attachez ensuite les matelas au plancher au moyen de bandes de ruban double face, espacées de 2 pi. Assurez-vous que les matelas sont bien à plat et ne présentent ni ondulations ni plis. Appuyez fermement sur les matelas pour qu'ils adhèrent au ruban.

8 À l'aide d'une meuleuse ou d'une tranche à froid et d'un marteau, creusez des renfoncements entre les conduits électriques et les fils chauffants des matelas pour pouvoir y enfoncer les fils de connexion. Ces fils isolés sont trop gros pour reposer simplement sous les carreaux, il faut donc les enfoncer dans le plancher et faire en sorte qu'ils arrivent à ⅛ po de la surface. Débarrassez le plancher de tous les débris et fixez les fils de connexion dans les renfoncements prévus, au moyen d'un cordon de colle chaude.

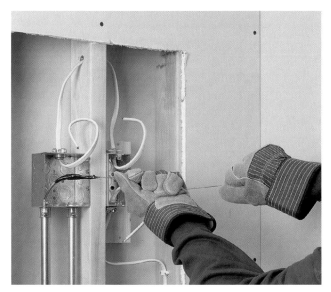

9 Faites passer un fil de tirage dans le conduit, de haut en bas et, à l'aide de ruban isolant, attachez les fils conducteurs des matelas à son extrémité. Tirez le fil de tirage à travers le conduit, vers le haut, et détachez les fils conducteurs du fil de tirage; attachez les fils conducteurs à la boîte au moyen de serre-câbles isolés. Utilisez une cisaille type aviation ou une cisaille de ferblantier pour couper l'excédent des fils conducteurs qui ne doivent dépasser les serre-câbles que de 8 po.

10 Introduisez le fil détecteur de chaleur dans le conduit restant et insérez-le à travers les mailles du matelas le plus proche. Déposez des points de colle chaude pour que le fil détecteur adhère au matelas, entre les fils de résistance bleus, et que son extrémité se trouve à une distance de 6 à 12 po du bord du matelas. Testez la résistance des matelas chauffants à l'aide d'un multimètre, comme à l'étape 1, ce qui vous permettra de vérifier s'ils fonctionnent. Notez le résultat de la lecture.

11 Installez les carreaux de céramique en suivant les instructions données aux pages 148 à 155. Utilisez un mortier à prise rapide comme adhésif et étendez-le soigneusement sur le plancher et les matelas, à l'aide d'une truelle à encoches carrées de ⅜ po x ¼ po. Vérifiez régulièrement la résistance des matelas pendant cette installation. Si un matelas est endommagé, enlevez le mortier qui le recouvre et entrez en contact avec le fabricant. Lorsque l'installation est terminée, vérifiez une dernière fois la résistance des matelas et notez les lectures relevées.

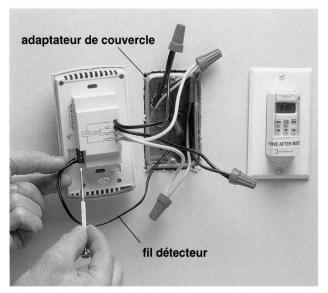

adaptateur de couvercle

fil détecteur

12 Placez un adaptateur de couvercle sur la boîte du thermostat et refermez l'ouverture pratiquée dans le mur avec un morceau de plaque de plâtre. Achevez les connexions du thermostat et de la minuterie en suivant les instructions du fabricant. Attachez le fil détecteur à la connexion de la vis de serrage du thermostat. Collez les étiquettes de câblage du fabricant sur la boîte du thermostat et le tableau de distribution. Montez le thermostat et la minuterie. Achevez la connexion du circuit au tableau de distribution ou à la connexion de dérivation. Testez le système après avoir laissé complètement sécher les matériaux du revêtement de sol.

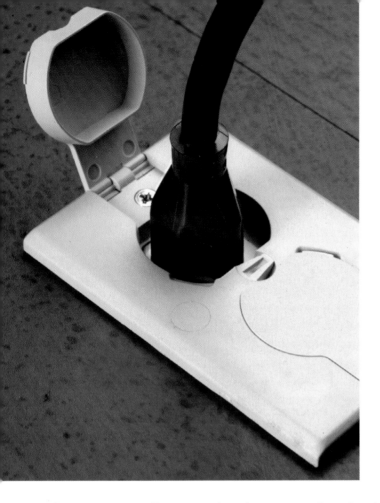

Installation d'une prise de courant dans le plancher

Installer une prise de courant dans un plancher est étonnamment simple. La trousse d'une boîte de plancher contient tout ce dont vous avez besoin pour installer une telle prise dans n'importe quelle pièce. Lorsque la prise est inutilisée, on rabat les coiffes, ce qui la protège contre les débris qui risqueraient d'y tomber.

La prise se place dans le sous-plancher avant que l'on installe le revêtement de sol. Si celui-ci est déjà installé, il faut le découper.

Avant d'installer une prise de plancher, vérifiez auprès du service de construction local si aucune restriction ne s'applique à ce genre d'installation.

Outils et matériel :

Trousse d'assemblage d'une boîte de plancher, tournevis, perceuse sans cordon, scie sauteuse.

Comment installer une prise de courant dans le plancher

1 Placez la boîte sur le sous-plancher, à l'emplacement voulu. Assurez-vous qu'elle se trouve contre une solive. Tracez le contour de la boîte, retirez celle-ci et, dans les coins du contour, forez des trous dans le sous-plancher. Découpez l'ouverture à l'aide d'une scie sauteuse.

2 Placez l'agrafe de la boîte dans l'ouverture, en posant la bride sur le sous-plancher. Fixez la bride au sous-plancher et à la solive en utilisant les quatre vis autotaraudeuses de 1 ¼ po qui sont fournies.

3 Glissez la boîte dans l'agrafe en alignant la vis de réglage sur le filetage de l'agrafe. Enfoncez la boîte dans le sous-plancher en la vissant à l'agrafe. Ne l'enfoncez pas complètement dans le sous-plancher.

4 Coupez l'alimentation de courant principale. Introduisez les fils électriques dans la boîte et connectez la prise, conformément au code du bâtiment local. Enfoncez la prise dans la boîte en repliant les fils.

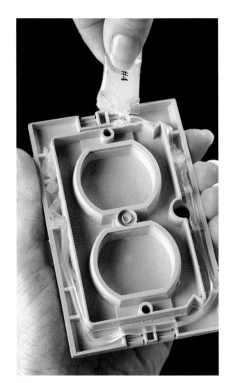

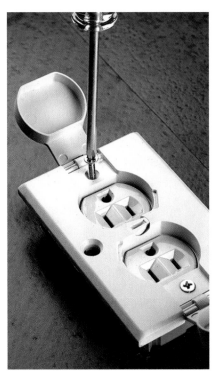

5 Installez le revêtement de sol. Appliquez un cordon de ⅛ po d'épaisseur du produit d'étanchéité fourni autour de l'épaulement du couvercle de la prise, là où il s'applique sur la boîte.

6 Ouvrez les coiffes de la prise et placez le couvercle sur la boîte. Alignez les trous sur les bossages encastrés de la boîte, et le trou du « bouchon » sur la vis de réglage. Introduisez les deux vis à métaux dans les trous et vissez-les sans trop les serrer.

7 Vissez la vis de réglage pour que la face de la prise arrive à la hauteur voulue. Placez le bouchon fourni dans son trou.

Photo: courtoisie de MIRAGE Prefinished Hardwood Floors

Découpage des encadrements des portes

À moins que vous n'installiez de la moquette, le revêtement de sol doit s'encastrer sous l'encadrement de la porte pour couvrir l'espace vide entre le revêtement et le mur, et pour permettre aux planchers en bois de se dilater et de se contracter sans déloger l'encadrement. Si vous tentez d'abouter le revêtement de sol et l'encadrement, vous ne réussirez qu'à créer un espace vide inesthétique.

Il ne faut que quelques minutes pour raccourcir un encadrement de porte. Si vous installez des carreaux de céramique ou du parquet, n'oubliez pas de tenir compte de l'épaisseur de l'adhésif ; donc, découpez l'encadrement environ ⅛ po plus haut que le dessus d'un carreau.

Les illustrations montrent le découpage d'un encadrement en vue de l'installation de carreaux de céramique. Comme les carreaux seront installés sur des panneaux de ciment, on a placé le carreau de céramique sur un morceau de panneau de ciment pour marquer l'encadrement.

Raccourcissez les encadrements des portes de l'épaisseur du revêtement de sol et de la sous-couche pour pouvoir insérer le revêtement de sol sous les encadrements.

Outils et matériel :

Scie à jambage, revêtement de sol.

Comment découper un encadrement de porte

1 Placez un morceau de revêtement de sol et de sous-couche contre l'encadrement de porte. Marquez celui-ci à ⅛ po environ au-dessus du revêtement.

2 Utilisez une scie à jambage pour découper l'encadrement à l'endroit marqué.

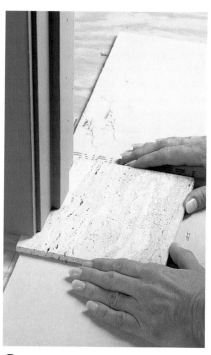

3 Glissez un morceau de revêtement de sol sous l'encadrement pour vérifier s'il s'insère facilement à cet endroit.

Mesurage d'une pièce

Avant de commander un revêtement de sol, vous devez calculer la surface totale de la pièce à couvrir. Pour cela, divisez la pièce en carrés et rectangles, faciles à mesurer. Veillez à inclure toutes les surfaces qui seront couvertes, telles que les placards ainsi que les surfaces sous le réfrigérateur et les autres appareils électroménagers mobiles.

Mesurez la longueur et la largeur de chaque surface en pouces, multipliez la longueur par la largeur et diviser le résultat par 144 pour obtenir la surface totale en pieds carrés. Additionnez toutes les surfaces pour connaître la surface totale de la pièce ; soustrayez ensuite les surfaces qui ne seront pas couvertes, comme les armoires et autres accessoires fixes.

Lorsque vous commandez le revêtement de sol, prévoyez 10 à 15 % de matériau en plus, pour tenir compte des déchets et de la coupe. S'il s'agit d'un revêtement à motifs, commandez 20 % de plus.

Mesurez la surface de la pièce à couvrir, afin de calculer la quantité de revêtement de sol nécessaire.

Comment mesurer une pièce

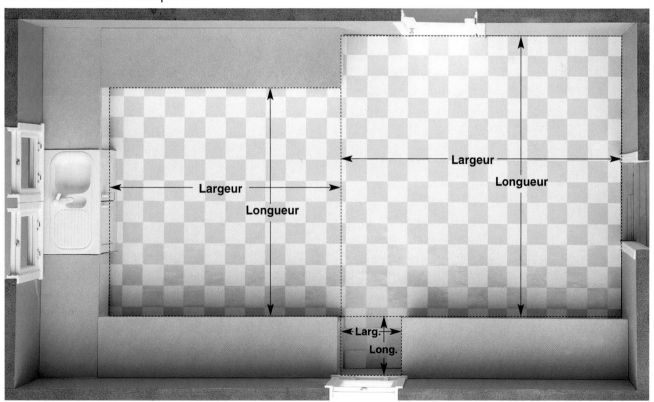

Divisez la pièce en carrés et en rectangles. Incluez les placards et les surfaces couvertes par des électroménagers mobiles. Mesurez la longueur et la largeur de chaque surface, en pouces, multipliez la longueur par la largeur et divisez le résultat par 144 pour obtenir chaque surface en pieds carrés.

Vérifiez la perpendicularité des deux lignes de référence en utilisant la méthode du triangle 3-4-5. Du centre, mesurez 3 pi sur une ligne de référence et marquez l'endroit d'un trait. De la même manière, mesurez 4 pi sur une ligne de référence perpendiculaire à la première et marquez l'endroit d'un trait. Mesurez la distance entre les deux traits. Si les lignes de référence sont perpendiculaires, cette distance mesurera exactement 5 pi. Si ce n'est pas le cas, corrigez les lignes de référence pour les rendre perpendiculaires.

Tracé des lignes de référence

Le premier rang du revêtement de sol, les premiers carreaux ou la première pièce de revêtement intermédiaire établit la direction du reste du revêtement. Donc, il faut absolument prendre un bon départ, ce qui est relativement simple si vous planifiez soigneusement l'installation et si vous tracez très précisément les lignes de référence.

En général, le revêtement de sol part du centre de la pièce, et l'installation progresse par quadrant le long des lignes d'installation appelées aussi lignes de travail. Après avoir tracé les lignes de référence qui définissent le centre de la pièce, placez des carreaux à sec, le long de ces lignes, pour être sûr de ne pas devoir couper plus de la moitié d'un carreau dans la dernière rangée. Si nécessaire, déplacez les lignes de référence de la demi-largeur d'un carreau pour tracer les lignes d'installation.

L'installation de la plupart des planchers flottants et des revêtements à rainure et languette ne nécessite qu'une ligne de référence, tracée le long du mur de départ. Si le mur est droit, la ligne de référence est même inutile. Vous pouvez placer des intercalaires le long du mur et poser la première rangée du revêtement contre ces intercalaires. Cette méthode ne fonctionne que si le mur est droit. S'il est courbe ou hors d'équerre, il faut en tenir compte dans l'installation.

Les photos de la page suivante montrent les moyens dont on dispose pour établir les lignes de référence indispensables à l'installation du revêtement de sol.

Outils et matériel :

Mètre à ruban, cordeau traceur, équerre de charpente, marteau, clous de finition 8d, intercalaires.

Comment établir les lignes de référence pour l'installation de carreaux

Mesurez deux côtés opposés de la pièce et marquez leur milieu, puis joignez ces points d'un trait au moyen d'un cordeau traceur. Marquez le milieu de ce trait. Placez une équerre de charpente à cet endroit, le long du trait. À l'aide du cordeau traceur, tracez une ligne de référence perpendiculaire au premier trait, le long de l'autre branche de l'équerre (voir p. 135).

À l'aide du cordeau traceur, tracez entre les milieux des murs opposés des lignes de référence perpendiculaires. Vérifiez la perpendicularité des lignes en utilisant la méthode du triangle 3-4-5 (voir p. 80).

Comment établir des lignes de référence pour l'installation de planchers en bois ou de planchers flottants

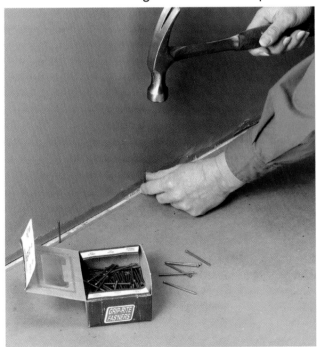

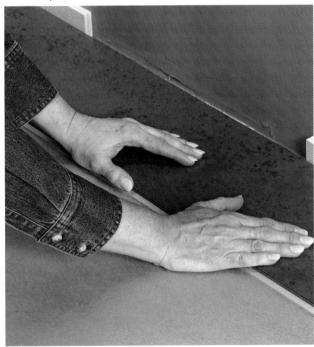

Si le mur n'est pas d'équerre ou s'il est courbe, faites une marque sur le plancher, à ½ po du mur, aux deux extrémités du mur et cinglez le cordeau traceur entre les deux marques. Enfoncez des clous de finition 8d tous les 2 ou 3 po, le long de cette ligne de référence, et posez la première rangée de matériau du revêtement de sol contre les clous (voir p. 94).

Si le mur est droit, placez le long du mur des intercalaires de ½ po contre lesquels vous poserez le revêtement de sol (voir p. 118).

Revêtements de sol en bois dur

Le bois dur est un des matériaux de prédilection des propriétaires pour les planchers. Il ajoute un certain cachet à une pièce dans laquelle il crée une atmosphère. Par sa beauté classique, le bois dur se prête à des pièces de n'importe quel style et il peut constituer l'élément de transition entre deux pièces contiguës.

Autrefois réservé aux pièces officielles, le bois dur est à présent utilisé dans toutes les pièces de la maison, y compris la cuisine. Contrairement aux autres revêtements, ce bois peut durer toute une vie. Et, bien entretenu, il deviendra de plus en plus attrayant en vieillissant.

Comme vous le constaterez dans cette section, il existe toute une gamme de revêtements de sol en bois qu'on installe de différentes manières : les revêtements en lamelles, à rainure et languette, au moyen d'un marteau cloueur ; les planchers en parquet et en bois de bout, avec un adhésif, et les planchers flottants en les assemblant par rainure et languette, sans les fixer au sol.

Les planchers en bois, se dilatent en absorbant l'humidité de l'air et ils se contractent lorsque l'air est sec. Il faut donc prévoir un vide de ½ po entre les murs et le plancher pour que celui-ci puisse se dilater et se contracter. On cachera ce vide au moyen de plinthes et de quarts-de-rond.

Le bois doit « s'acclimater » à la pièce dans laquelle on l'installe ; c'est pourquoi vous devez le placer dans la pièce, et faire en sorte que les conditions de température et d'humidité soient celles qui y règnent normalement. Cette période d'acclimatation est variable et peut durer une semaine ; vous avez donc intérêt à suivre les recommandations du fabricant à ce sujet.

Photo : courtoisie de MIRAGE Prefinished Hardwood Floors

Choix de revêtements de sol en bois dur

Le revêtement de sol en bois dur présente un attrait indéniable, mais l'installation des lamelles de bois dur massif rebute plus d'un bricoleur. Le revêtement en bois dur massif est ordinairement plus cher que les autres revêtements, et son installation prend du temps. C'est néanmoins un travail qui demeure à votre portée si vous suivez les indications fournies aux pages 94 à 96.

D'autres revêtements de sol en bois dur sont conçus pour être installés par les bricoleurs. Ils possèdent les qualités du bois dur massif: résistance, durabilité, beauté et chaleur, mais ils sont plus faciles à installer.

Ces revêtements composites sont déjà teints et imperméabilisés à l'aide d'un produit protecteur. Les revêtements fabriqués sont, tout comme leur contrepartie en bois dur massif, assemblés par rainure et languette, un mode d'assemblage qui assure un joint parfait entre les pièces.

On peut installer les planches de stratifié de deux manières différentes: soit au moyen d'une mince couche d'adhésif, la solution recommandée dans les endroits fortement fréquentés, soit en formant un plancher flottant, qui repose sur une mince couche matelassée et qui peut s'installer sur différentes surfaces. Les planchers flottants constituent la solution idéale lorsque le revêtement doit être installé sur des dalles de béton (voir p. 118 à 121).

On installe le parquet au moyen d'adhésif, en utilisant les techniques d'installation des carreaux de céramique. On le choisit généralement pour les pièces plus austères ou si l'on désire orner le plancher d'un motif décoratif (voir p. 104 à 107).

Choix de revêtements de sol en bois dur

panneau de fibres   **contreplaqué**   **parquet**

Les matériaux des revêtements de sol fabriqués comprennent : le panneau de fibres, recouvert d'une couche de stratifié synthétique qui présente l'aspect du bois (à gauche), le contreplaqué recouvert d'un placage en bois dur (au centre) et le carreau de parquet fait de languettes de bois, assemblées suivant un motif décoratif (à droite).

Le revêtement de sol en bois dur massif est plus cher et plus difficile à installer que le revêtement en bois fabriqué.

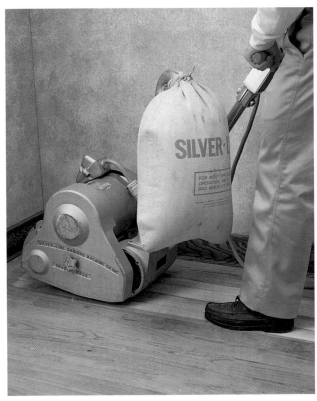

Décapé et fini, le plancher en bois dur massif paraît neuf. Voir la section sur les finis de planchers, qui débute à la page 198.

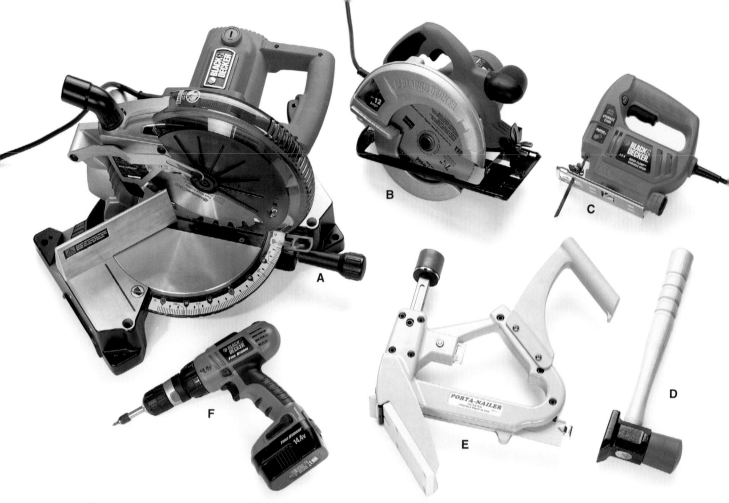

Les outils à commande mécanique utilisés dans l'installation des revêtements de sol en bois dur comprennent : la scie à onglets (A), la scie circulaire (B), la scie sauteuse (C), le maillet en caoutchouc (D), le marteau pneumatique (E), la perceuse sans cordon (F).

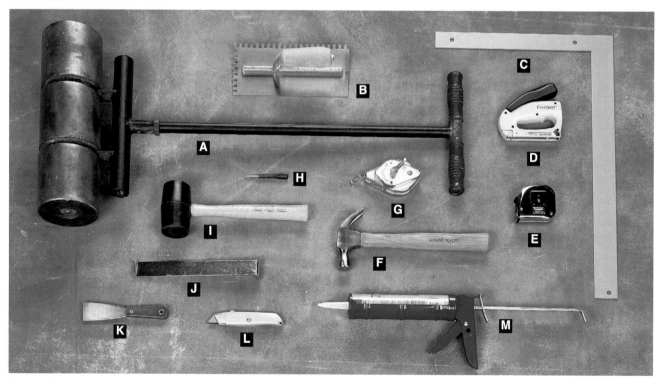

Les outils manuels utilisés dans l'installation des revêtements de sol en bois dur comprennent : le rouleau à plancher (A), la truelle à encoches (B), l'équerre de charpente (C), l'agrafeuse (D), le mètre à ruban (E), le marteau (F), le cordeau traceur (G), le chasse-clou (H), le maillet en caoutchouc (I), la barre à outil pour revêtement de sol (J), le couteau à calfeutrer (K), le couteau universel (L), le pistolet à calfeutrer (M).

Comment scier un revêtement en bois dur

Refendez les planches en bois dur en attaquant leur face inférieure pour éviter d'abîmer la face supérieure. Mesurez la distance entre le mur et le bord de la dernière planche installée, et soustrayez ½ po au nombre obtenu pour le vide de dilatation. Reportez le résultat sur la face inférieure de la planche et tracez la ligne de coupe au moyen d'un cordeau traceur.

Lorsque vous refendez une planche de revêtement en bois dur à l'aide d'une scie circulaire, placez un autre morceau de revêtement à côté de la planche marquée pour la coupe, afin de faire reposer le pied de la scie sur une base stable. Fixez un guide de coupe à la planche pour que la coupe soit droite.

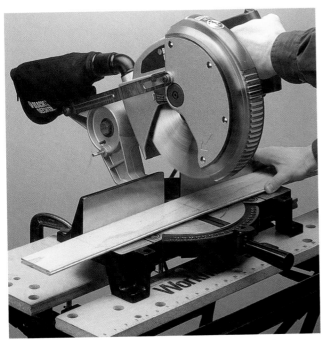

Pour scier transversalement les revêtements en bois dur, utilisez une scie à onglets. Placez la surface supérieure vers le haut pour éviter de l'abîmer.

Pour pratiquer des encoches dans le revêtement en bois dur ou pour y découper des courbes, utilisez une scie à chantourner ou une scie sauteuse. Si vous utilisez une scie sauteuse, orientez la surface finie du revêtement vers le bas. Avant de commencer à scier, fixez le revêtement à la surface de travail au moyen de serre-joints.

Masquage
des espaces vides

Lorsque vous installez des revête-ments de sol en bois ou en stratifié, laissez un espace de ½ po entre le bord du revêtement et les murs pour que le bois puisse se dilater et se contracter suivant la température et le degré d'humidité.

Vous devrez également recouvrir les espaces vides des seuils, entre les pièces, et ceux qui entourent les petits obstacles tels que les tuyaux. Il existe des moulures spéciales pour chacun de ces cas.

Un plancher n'est pas complètement terminé tant que toutes ses pièces ne sont pas en place. Ces moulures donneront un aspect fini à vos plan-chers. Leur désignation peut différer légèrement d'un fabricant à l'autre.

Les moulures en bois atténuent la transition entre le bois dur de la salle à manger et les carreaux de la pièce adjacente.

Les moulures en T recouvrent l'espace vide entre les plan-chers en bois dur et les autres planchers de même hauteur. Elles sont habituellement collées en place.

Les bandes de réduction font la transition entre un plancher en bois et un plancher qui arrive un peu plus bas. Un de leurs bords comporte une rainure qui s'assemble avec la languette du plancher en bois dur.

A. La transition pour tapis permet le passage harmonieux d'un revêtement en bois à un tapis.

B. Le nez de marche permet de recouvrir les bords exposés des marches d'un escalier aux endroits où les contremarches rencontrent les marches et où la première marche rencontre un palier.

C. Le seuil étroit remplace à la fois une plinthe et un quart-de-rond en face d'une porte coulissante en verre ou d'un seuil de porte, pour masquer l'espace vide entre le plancher et la porte.

D. La bande de réduction, appelée aussi bande de transition, s'utilise entre les pièces dont les planchers ne sont pas de même niveau ou qui sont composés de matériaux différents.

E. La transition à recouvrement est également utilisée entre les pièces dont les planchers ne sont pas de même niveau.

F. La moulure en T se place entre deux planchers de même niveau. On l'utilise également pour faciliter le passage d'une entrée de porte ou d'un seuil. On n'aboute pas la moulure en T au revêtement de sol, pour que le bois puisse se dilater et se contracter sous la moulure.

G. La plinthe peut être utilisée avec la plupart des types de planchers, et elle existe dans une gamme étendue de modèles de toutes dimensions. On l'installe au bas du mur de manière qu'elle recouvre l'espace vide entre le plancher et le mur.

H. Le quart-de-rond s'installe le long du bord inférieur d'une plinthe, sur le plancher. Il recouvre l'espace vide qui subsiste éventuellement entre le plancher et le mur.

Installation des revêtements de sol à rainure et languette

Les planchers en bois dur, à rainure et languette, ont depuis toujours la cote auprès des propriétaires d'habitations. Ils sont attrayants, des plus durables, et on peut les décaper et les remettre à neuf.

Le revêtement en chêne est le plancher en lames le plus vendu, en raison de sa durabilité et de son grain; c'est également l'essence à laquelle la plupart des gens pensent lorsqu'on leur parle de « bois dur ». Mais d'autres espèces telles que l'érable, le cerisier et le bouleau ont de plus en plus de succès.

On trouve maintenant, dans les maisons américaines, des essences exotiques provenant de toutes les parties du monde, car les propriétaires veulent des planchers qui soient à la fois chic et exclusifs, et qui reflètent leur personnalité. Les bois exotiques, dont on compte plus de 60 espèces, comprennent notamment le grumichama ou cerisier du Brésil, le cyprès d'Australie, l'acajou du Honduras, le *myrocarpus floridosus* (ou « bois de tabac »), le teck, le zebrano et le bambou.

Dans cette section, on explique comment installer un revêtement en bambou, à rainure et languette, cloué (p. 94 à 96), comment installer un médaillon décoratif (p. 97) et comment installer des lames de plancher à rainure et languette sur un adhésif appliqué à la truelle (p. 98 et 99). Personnaliser un plancher à l'aide de bordures et autres médaillons est plus facile qu'il ne paraît. De nombreux fabricants produisent des motifs ornementaux dont l'épaisseur correspond à celle de votre plancher.

L'éclat de ce plancher en lames de bois dur attire le regard de celui qui pénètre dans la pièce. La couleur foncée du revêtement est assortie à celle des meubles en osier et à celle de l'escalier.

La qualité du plancher à rainure et languette dépend essentiellement de la qualité du sous-plancher. Un sous-plancher solide, sans défaut, empêchera le plancher de bouger et de grincer. Voici quelques recommandations à suivre lorsqu'on installe un revêtement à rainure et languette sur un plancher existant:

Planchers résilients: si vous recouvrez un plancher résilient, recollez les carreaux ou les coins décollés et nivelez les dépressions éventuelles.

Anciens planchers en bois: si vous recouvrez un ancien plancher en bois, reclouez les lames détachées, remplacez les lames déformées ou affaissées ou celles qui ne sont pas planes, et enfoncez les clous qui dépassent. Orientez les nouvelles lames diagonalement ou perpendiculairement aux anciennes. Si vous tenez à leur donner la même direction, recouvrez d'abord l'ancien plancher de contreplaqué de ⅜ ou ½ po d'épaisseur, sans oublier que

le niveau de votre plancher s'en trouvera relevé d'autant et que vous devrez sans doute raccourcir les portes pour qu'elles s'ouvrent librement.

Carreaux de céramique: si vous voulez recouvrir un plancher en carreaux de céramique, commencez par enlever tous les carreaux et recouvrez le sous-plancher de contreplaqué de ⅝ po d'épaisseur.

Béton: Si vous voulez recouvrir du béton, vous devez d'abord installer le sous-plancher approprié, et le plancher doit se trouver au-dessus du niveau du sol. Assurez-vous que l'humidité ne pose aucun problème. Le béton neuf est souvent humide et ne doit pas être immédiatement recouvert d'un plancher en bois.

Les lames ou les planches à rainure et languette sont simples à installer. La première et la dernière lame sont clouées de face tandis que toutes les autres sont fixées par

La bordure décorative du plancher en bois dur, à gauche, met parfaitement en valeur le revêtement mural auquel elle est assortie. Le plancher en bois de hêtre, ci-dessus, montre bien le charme du bois naturel. Le noyer est un choix parfait pour le plancher ci-dessous qui contraste avec la couleur pâle des murs.

clouage dissimulé. Après avoir installé les premières rangées, vous pouvez utiliser un marteau cloueur : cela accélérera grandement l'installation en vous évitant de forer des avant-trous et d'utiliser un chasse-clou. Veillez à mesurer et à couper les lames aux longueurs appropriées pour que les joints à rainure et languette s'assemblent correctement aux extrémités.

Pour protéger le bois dur, évitez de traîner des meubles sur le plancher et placez des supports protecteurs sous les meubles qui reposent sur le plancher. Fermez les persiennes aux endroits où la lumière directe du soleil risque de ternir le bois. Certaines chaussures, en particulier celles à talons aiguilles risquent également d'abîmer un plancher en bois dur.

Outils et matériel :

Scie à onglets, scie circulaire, agrafeuse, couteau universel, mètre à ruban, cordeau traceur, perceuse, barre à outil pour revêtements de sol, maillet en caoutchouc, marteau, levier plat, marteau cloueur, papier colophane, lames ou planches de plancher en bois, clous ou agrafes, bandes de réduction ou de transition, bois en pâte. Pour installer un plancher au moyen d'adhésif, vous aurez également besoin du matériel suivant : une scie à chantourner, une truelle à encoches de ⅛ po, un rouleau de plancher, de l'adhésif pour plancher, de la colle à bois, du carton.

Comment installer un plancher à rainure et languette

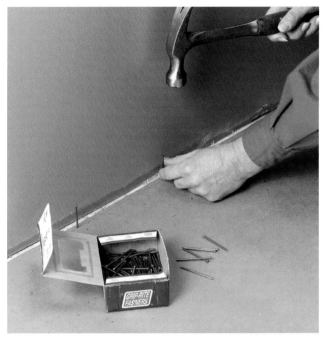

1 Couvrez le sous-plancher de papier colophane. Agrafez le papier au sous-plancher, en faisant chevaucher les bords sur 4 po. Au moyen d'un couteau universel, coupez le papier de manière qu'il vienne contre le mur.

2 Faites une marque sur le plancher, à ½ po du mur de départ de même qu'à chacune de ses extrémités. Tracez une ligne entre les deux marques à l'aide d'un cordeau traceur. Enfoncez un clou de finition 8d tous les 2 ou 3 po, le long de la ligne de craie, pour indiquer l'emplacement de la première rangée de lames.

3 Placez les huit premières rangées de lames, à sec, la rainure dirigée vers le mur. Assurez-vous que la première rangée est droite. Placez les lames pour que les couleurs et les veines du bois forment un tout harmonieux. Décalez les extrémités des lames d'au moins 6 po.

4 Placez la rangée de départ contre les clous, le long de la ligne tracée au cordeau. Forez des avant-trous dans le revêtement, tous les 6 à 8 po, à environ ½ po du bord de la rainure. Clouez la première rangée par clouage de face, jusqu'à ce que les têtes des clous arrivent juste au-dessus de la surface des lames, puis enfoncez-les à l'aide d'un chasse-clou. Prenez garde de ne pas donner de coup de marteau sur les lames, vous en abîmeriez la surface.

5 Forez des avant-trous tous les 6 à 8 po, juste au-dessus de la languette, en inclinant la perceuse à 45°.

Conseil : Si une lame est déformée, forez des avant-trous au-dessus de la languette et insérez-y des clous. Vissez une planche non utilisée au sous-plancher. Redressez la lame à l'aide d'un levier plat et d'une planchette placée devant la lame. En appuyant sur la lame, fixez-la en place par clouage dissimulé.

6 Fixez la lame par clouage dissimulé, en enfonçant un clou dans chaque avant-trou. Laissez dépasser les têtes des clous de ½ po, puis enfoncez-les pour qu'ils arrivent juste sous la surface, au moyen d'un chasse-clou.

7 Installez la deuxième rangée de lames contre la rangée de départ, en assemblant les rainures et les languettes. Utilisez un morceau de planche et un maillet en caoutchouc pour joindre les lames. Forez des avant-trous et fixez les lames par clouage dissimulé. Procédez de même pour les quelques rangées suivantes.

8 Pour installer la dernière lame d'une rangée, placez la languette dans la rainure, puis placez une barre à outil pour revêtements de sol sur l'extrémité de la lame. Frappez avec un marteau sur l'autre extrémité du levier jusqu'à ce que la lame glisse à sa place. Son extrémité doit arriver à ½ po du mur.

Suite à la page suivante

Comment installer un plancher à rainure et languette (suite)

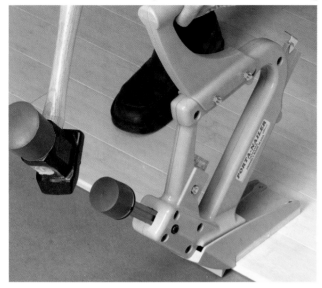

9 Après avoir installé plusieurs rangées de lames, si vous disposez de suffisamment de place, utilisez un marteau cloueur. Placez la lèvre du marteau sur le bord de la lame et frappez-le à l'aide d'un maillet en caoutchouc. Enfoncez un clou à 2 po de chaque extrémité de la lame et à 8 po de distance, ailleurs. Continuez de prévoir l'agencement de plusieurs rangées, en décalant les joints des lames, d'une rangée à l'autre.

10 Lorsque la place disponible ne vous permet plus d'utiliser le marteau cloueur, forez des avant-trous et fixez les lames par clouage dissimulé. Pour les dernières rangées, forez les avant-trous dans les lames, à ½ po de la languette, et fixez les lames par clouage de face. Vous devrez peut-être refendre les lames de la dernière rangée pour qu'elles aient la largeur voulue. Installez la dernière rangée au moyen de la barre à outil pour revêtements de sol, en laissant un espace vide de ½ po le long du mur. Forez des avant-trous et fixez les lames par clouage de face.

11 Installez une bande de réduction ou de transition entre le plancher en bois et la pièce adjacente. Coupez la bande à la longueur voulue. Assemblez-la par rainure et languette à la lame du plancher, forez des avant-trous et fixez-la par clouage de face. Enfoncez les têtes des clous au moyen d'un chasse-clou. Remplissez de bois en pâte les trous laissés par les têtes de clous.

Conseil : Pour contourner un objet, découpez une encoche dans la lame. S'il s'agit d'un obstacle plus important, coupez des lames biseautées à 45° dont les rainures s'écartent de l'objet et dont vous avez scié les languettes. Placez ces lames contre l'objet et le revêtement en ajustant les extrémités biseautées. Forez des avant-trous et fixez les lames biseautées par clouage de face. Appliquez de la pâte à calfeutrer à base de silicone entre le plancher et l'obstacle.

Conseil : Pour que la lame installée dans une entrée de porte présente une languette plutôt qu'une rainure, il faut y coller une baguette dans la rainure. On peut alors installer la lame suivante sur cette nouvelle languette et la clouer en place.

Comment installer un médaillon décoratif

1 Placez le médaillon sur le plancher, à l'endroit où vous désirez l'installer. Tracez, sur le plancher, une ligne qui fait le tour du médaillon.

2 Placez le gabarit d'installation sur le plancher en faisant coïncider sa découpe avec la ligne tracée à l'étape précédente. Fixez-le en enfonçant des clous dans les joints du plancher.

3 Placez le doigt pilote de la fraise de la toupie fournie avec le médaillon contre le bord intérieur du gabarit et pratiquez une rainure de ¼ po de profondeur. Enlevez les clous ou agrafes mis à nu. Répétez l'opération pour augmenter progressivement la profondeur de l'entaille, jusqu'à ce que vous atteigniez le sous-plancher.

4 Utilisez un levier plat pour enlever le morceau de plancher se trouvant à l'intérieur de l'ouverture. Enlevez tous les clous. Vérifiez si le médaillon entre bien dans l'ouverture, puis enlevez le gabarit et remplissez de bois de pâte les trous laissés par les clous retirés.

5 Appliquez de l'adhésif de plancher à base d'uréthane sur le sous-plancher, dans l'ouverture. Étendez l'adhésif au moyen d'une truelle. Mettez le médaillon en place et appuyez fermement dessus pour qu'il soit en contact avec l'adhésif et qu'il affleure le plancher qui l'entoure.

Comment installer un revêtement à rainure et languette en utilisant un adhésif

1 Tracez une ligne d'installation à l'aide d'un cordeau traceur, à environ 30 po du mur le plus long. Travaillez en vous agenouillant du côté de la ligne la plus rapprochée du mur.

2 Appliquez de l'adhésif de plancher de l'autre côté de la ligne d'installation, à l'aide d'une truelle dentelée, en suivant les instructions du fabricant. Prenez garde de ne pas recouvrir d'adhésif la ligne d'installation.

3 Appliquez de la colle à bois dans la rainure de l'extrémité de la lame que vous installez. La colle aidera les joints des extrémités à rester serrés ; n'appliquez pas de colle sur les côtés des lames.

4 Installez la première rangée de lames en veillant à ce que le bord des languettes soit dans le même plan vertical que la ligne d'installation. Assurez-vous que les extrémités sont bien jointives et essuyez immédiatement tout excédent de colle. Laissez un espace de ½ po le long de chacun des murs pour permettre au bois de se dilater. Cet espace sera caché par la plinthe et le quart-de-rond.

5 Pour installer les rangées de lames suivantes, insérez d'abord les languettes des lames dans les rainures des lames de la rangée précédente et posez ensuite les lames dans l'adhésif. Puis, faites glisser légèrement chaque lame pour que son extrémité et celle de la lame adjacente soient jointives. Le long des murs, vous pouvez utiliser un marteau et une barre à outil pour revêtements de sol pour que la dernière lame et la lame précédente soient parfaitement jointives (mortaise).

6 Après avoir installé trois ou quatre rangées de lames, frappez à l'aide d'un maillet et d'un morceau de lame inutilisé sur la tranche des lames de la dernière rangée, pour que les lames soient parfaitement jointes. Tous les joints doivent être serrés.

7 Utilisez un gabarit en carton pour ajuster les lames dans les endroits au contour irrégulier. Découpez le carton aux dimensions requises et laissez un espace de ½ po le long des murs, pour permettre au plancher de se dilater. Tracez le contour du gabarit sur une lame et coupez la lame avec une scie alternative. Achevez de poser les lames sur tout le plancher.

8 Terminez la pose du revêtement en passant un lourd rouleau de plancher sur la surface, pour que le plancher adhère bien à la sous-couche. Cette tâche doit être finie dans les trois heures qui suivent la pose de l'adhésif. Installez les autres sections du revêtement en terminant par la section située entre la ligne d'installation et le mur.

Photo : courtoisie de Patina Old World Flooring

Les planchers en arête de poisson peuvent rendre une pièce rustique (ci-dessus) ou austère (photo de droite). Vous trouverez certainement, parmi les nombreux formats de ce type de parquet offerts sur le marché, celui qui répond à vos besoins.

Installation d'un parquet

Si vous ne voulez plus d'un motif de plancher linéaire, mais tenez toutefois à conserver un plancher en bois dur, le parquet est la solution idéale. Les parquets sont plus chaleureux que les revêtements en lames tout en conservant la beauté et l'élégance du bois.

Les différents styles de parquets offerts sur le marché permettent de créer de nombreux motifs géométriques. Parmi ceux-ci : des motifs personnalisés complexes haut de gamme ou des parquets en arête de poisson, plus courants, en passant par les parquets mosaïques, très en vogue et moins chers.

La conception des parquets a subi une transformation radicale au fil des ans. Auparavant, chaque élément de

parquet était coupé manuellement, et on assemblait laborieusement les éléments, pièce par pièce. Aujourd'hui, on fabrique les parquets en usine de sorte que leurs éléments constitutifs sont vendus comme de simples carreaux ; de ce fait, ils coûtent moins cher et sont plus faciles à installer.

Le parquet a cependant gardé son aspect austère, et on l'utilise surtout dans les pièces de réception comme la salle à manger, même s'il garnit parfois des vestibules et des halls d'accueil qu'il rend plus imposants.

Tout comme les autres revêtements de sol en bois, le parquet est sensible à l'humidité et à ses variations. Aussi, le fabrique-t-on parfois en bois d'ingénierie, qui résiste mieux

aux changements de température et d'humidité que les revêtements de sol traditionnels.

Il existe de nombreux types et motifs de parquets, qu'il s'agisse de parquets fabriqués sur commande ou de parquets standard, mais on les installe tous de la même façon, en les collant sur un sous-plancher en bois au moyen d'un adhésif. Les étapes à suivre pour poser des carreaux de parquet ressemblent aux étapes de pose des carreaux de céramique, mais l'installation proprement dite est légèrement différente. On appuie fermement sur le carreau de parquet pour l'enfoncer dans l'adhésif sans le faire glisser ni le faire osciller comme on le fait pour un carreau de céramique.

N'oubliez pas d'acclimater le parquet à la pièce avant de l'installer. Et, lorsque vous l'installez, assurez-vous que les premiers carreaux sont parfaitement alignés, car ils déterminent l'aspect du reste du revêtement. Certains motifs compliqués et certains grands carreaux ont des bords à angle droit qui s'aboutent. D'autres parquets, tels que les parquets mosaïques des pages 104 à 106 sont assemblés suivant le mode à rainure et languette.

Le parquet permet de créer des formes et des motifs impossibles à créer avec d'autres revêtements de sol en bois.

Les parquets offrent des motifs attrayants avec lesquels aucun autre revêtement de sol en bois dur ne peut rivaliser (ci-dessus, ci-dessous et sur la page suivante). Malgré la complexité de leurs motifs individuels, les parquets modernes s'installent tous de la même façon : on colle les carreaux avec un adhésif.

Le parquet mosaïque est un des parquets les plus en vogue et les moins chers. Sa fabrication par assemblage de lamelles de bois perpendiculaires accentue les différences de grain et de couleur naturelle du bois.

Le motif en arête de poisson, montré à la page 107, diffère de tous les autres parquets. Il se présente en lames à rainure et languette qui s'assemblent perpendiculairement et se compose de lames gauches et de lames droites, qui se distinguent par la disposition de leur rainure et de leur languette. Le parquet en arête de poisson est toutefois moins recherché qu'auparavant, en raison de son prix lorsqu'il est installé par des professionnels, car son installation prend plus de temps que celle des autres revêtements. En l'installant vous-même, vous épargnerez toutefois cette dépense et vous disposerez d'un plancher sensationnel.

Outils et matériel :

Mètre à ruban, cordeau traceur, équerre de charpente, éléments de parquet, adhésif, truelle à encoches, couteau universel, maillet en caoutchouc, rouleau de plancher de 100 à 150 lb, scie sauteuse, solvant.

Comment installer un parquet

1 Marquez le centre de chaque mur sur le plancher. Établissez les lignes d'installation en traçant au cordeau les lignes joignant les marques des murs opposés. Utilisez la règle du triangle 3-4-5 pour vérifier la perpendicularité des lignes (voir p. 80).

2 Posez une rangée de carreaux sans adhésif, en partant du centre et en suivant les lignes d'installation de deux murs adjacents. S'il faut couper plus de la moitié du dernier carreau pour arriver au mur, déplacez les lignes d'un demi-carreau et tracez de nouvelles lignes d'installation.

3 À l'aide d'un couteau universel, déposez suffisamment d'adhésif sur le sous-plancher pour installer le premier carreau. Étalez l'adhésif en une couche mince au moyen d'une truelle à encoches, inclinée à 45°. Appliquez l'adhésif jusqu'aux lignes d'installation, sans toutefois les recouvrir.

4 Placez le premier carreau sur l'adhésif de sorte que les deux côtés arrivent au ras des lignes d'installation. Ne faites pas glisser ni pivoter le carreau en l'installant. Il est important d'installer correctement ce carreau si vous voulez que le reste du revêtement soit d'équerre.

Variante : Si le plancher se prolonge dans un couloir, commencez par y placer le revêtement sans adhésif. Si vous devez couper les derniers carreaux de plus de la moitié de leur largeur, déplacez les lignes d'installation en conséquence.

5 Appliquez suffisamment d'adhésif pour pouvoir installer six à huit carreaux, et étalez-le au moyen d'une truelle à encoches.

6 Installez le carreau suivant en l'inclinant à 45° et assemblez-le avec le premier carreau par le joint à rainure et languette. Abaissez le carreau jusqu'à l'adhésif, sans le faire glisser. Installez les autres carreaux de la même façon.

7 Après avoir installé six à huit carreaux, enfoncez-les dans l'adhésif en les tapotant avec un maillet en caoutchouc.

Suite à la page suivante

Comment installer un parquet (suite)

8 Pour installer les carreaux de la dernière rangée, alignez une couche de carreaux sur ceux de la dernière rangée installée. Placez ensuite un troisième carreau sur chaque carreau de la deuxième couche, en l'appuyant contre des intercalaires de ½ po, placés contre le mur. Tracez une ligne sur les carreaux de la deuxième couche, en longeant le bord des carreaux de la troisième couche. Coupez les carreaux le long de la ligne et installez-les.

9 Pour installer le plancher autour des coins ou des obstacles, alignez un carreau sur le dernier carreau installé, puis placez un autre carreau dessus, comme à l'étape 8. Maintenez le carreau supérieur à ½ po du mur ou de l'obstacle et tracez une ligne sur le deuxième carreau en longeant le bord opposé du troisième carreau (photo supérieure). Déplacez les deux carreaux supérieurs vers le mur ou le côté de l'obstacle adjacent, sans faire tourner le carreau supérieur. Tracez une deuxième ligne sur le deuxième carreau, comme lors de la première opération (photo inférieure). Coupez le carreau au moyen d'une scie sauteuse et installez-le.

Conseil : S'il vous arrive de tacher le parquet avec de l'adhésif, essuyez-le immédiatement avant que l'adhésif ne sèche, en utilisant le solvant recommandé par le fabricant de l'adhésif.

10 Passez un rouleau de plancher de 100 à 150 lb sur le parquet dans les quatre heures suivant l'installation. Ensuite, attendez au moins 24 heures avant de marcher de nouveau sur le plancher.

Comment installer un parquet à motif diagonal

1 Tracez des lignes de référence perpendiculaires en suivant l'étape 1 de la page 104. Faites une marque sur chaque ligne, à 5 pieds du centre. À l'aide d'un cordeau traceur, tirez les lignes joignant ces marques. Marquez ensuite le milieu de chacune de ces lignes et joignez ces nouvelles marques pour tracer les diagonales de référence.

2 Placez les carreaux sans adhésif le long d'une diagonale. Déplacez le point de départ si nécessaire. Posez ensuite le revêtement le long de la diagonale en utilisant de l'adhésif et en suivant les étapes d'installation d'un parquet (p. 104 à 106). Découpez des gabarits en papier pour figurer les carreaux qui longeront les murs et pour ceux qui rempliront les espaces vides, dans les coins. Reportez les dimensions des gabarits sur les carreaux et coupez ceux-ci pour pouvoir les installer.

Comment installer un parquet en arête de poisson

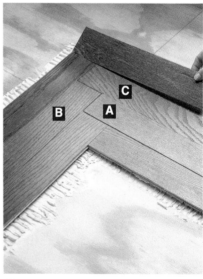

1 Tracez les lignes de référence perpendiculaires et une diagonale en suivant l'étape 1 ci-dessus. Étalez un peu d'adhésif sur le plancher. NOTE: Il y a des lamelles gauches et des lamelles droites, qui se distinguent par l'emplacement de leur rainure et de leur languette. Placez le coin supérieur d'une lamelle gauche le long d'une ligne d'installation. À l'aide d'une équerre de charpente, assurez-vous que le côté de la lamelle est perpendiculaire à la diagonale.

2 Placez la rainure d'extrémité d'une lamelle droite sur la languette de côté de la première lamelle, en faisant affleurer les bords extérieurs des deux lamelles.

3 Placez une lamelle droite (A) le long du côté extérieur droit des deux lamelles installées. Alignez son bord supérieur sur le bord extérieur de la première lamelle gauche. Placez ensuite une lamelle gauche (B) le long de ces deux lamelles, puis une lamelle droite (C), et répétez l'opération pour le reste du plancher, en serrant bien les joints à rainure et languette.

Installation des planchers en bois de bout

On peut difficilement rester indifférent devant des planchers en bois de bout. La fabrication des revêtements en bois de bout est une spécialité, et ces revêtements ont un aspect très particulier. Leurs «briques» ressemblent à des briques de maçonnerie, mais elles proviennent en réalité de la coupe transversale de billots récents ou anciens. Elles permettent de créer de magnifiques planchers, luxueux et originaux.

Les planchers en bois de bout les plus courants sont en chêne ou en pin, mais on peut également utiliser d'autres essences de bois. Dans les projets présentés ici on a utilisé du frêne pour le motif à briques, et du pommier pour le motif à blocs. Chaque brique est poncée et biseautée manuellement avant d'être imperméabilisée. Le bois présente des fissures et des éclats naturels qui ajoutent à son charme. On joint les briques avec un coulis, comme s'il s'agissait de carreaux, ce qui rend ce produit vraiment original.

Les propriétaires utilisent principalement le bois de bout dans les cuisines et les vestibules, mais on peut l'installer dans n'importe quelle pièce que l'on veut rendre impressionnante.

Le plancher en bois de bout est un des revêtements de sol haut de gamme les plus chers sur le marché. Il peut coûter 40 $ le pied carré si vous y ajoutez le coût de l'installation. Mais pouvez obtenir un aussi beau plancher en l'installant vous-même, et vous réaliserez d'importantes économies.

Le plancher en bois de bout prend plus de temps pour l'installation que les autres revêtements de sol, mais le résultat obtenu en vaut la peine. Vous jouirez d'un plancher extraordinaire, fait pour durer.

L'installation du plancher en bois de bout ressemble à celle du plancher en carreaux. On l'installe sur des panneaux de fibragglo-ciment en le collant au moyen d'adhésif, et on remplit les joints de coulis. Chaque brique étant différente, il est exclu d'utiliser des séparateurs pour déterminer les lignes de coulis. Il faut donc, à vue, maintenir le même écartement entre les briques et, toutes les six rangées, aligner les briques sur une ligne d'installation. Les briques sont traitées par les fabricants pour ne pas absorber de coulis ni d'enduit protecteur pour coulis.

Comme c'est le cas pour tous les planchers, il est indispensable que le sous-plancher soit de niveau. Si le fibragglo-ciment n'est pas uniforme, les briques ne reposeront pas à plat et le coulis finira par se fissurer. Même avec un sous-plancher de bonne qualité, il est parfois nécessaire de remplacer régulièrement le coulis après quelques années. Utilisez un coulis comprenant un additif acrylique pouvant remplir de larges joints. Certains coulis, par exemple, sont recommandés pour les joints ne dépassant pas ⅛ po de large.

Les pages suivantes montrent comment installer un plancher en briques de bois de bout agencées en panneresse, mais vous pouvez utiliser d'autres motifs tels que celui en vannerie, ou le motif hexagonal, ou celui en arête de poisson (voir p. 112).

La méthode d'installation est la même, quel que soit le motif choisi. Commencez par placer les briques sans adhésif pour voir quelle allure aura le plancher et pour vous éviter toute surprise désagréable une fois que vous aurez posé l'adhésif.

Dans l'exemple de la page 113, on a installé les blocs de bout comme des briques de bout, mais leur agencement offre plus de souplesse, car il ne faut pas suivre des lignes d'installation. Néanmoins, il est conseillé de commencer par placer les blocs sans adhésif pour s'assurer que l'ensemble est harmonieux. Tâchez de conserver le même écart entre les blocs.

Photo : courtoisie de Kaswell & Co., Inc. and Timeless Timber Inc.

Outils et matériel :

Mètre à ruban, cordeau traceur, équerre de charpente, mortier à prise rapide, bois de bout, coulis contenant des additifs acryliques, enduit protecteur pour coulis, panneaux de fibragglo-ciment, vis de 1 ¼ po, perceuse sans cordon, scie combinée à chariot, aplanissoir en caoutchouc, éponge à coulis, chiffon sec, pinceau en mousse, truelle à encoches de ¼ po, adhésif à prise rapide contenant des additifs acryliques.

Comment installer un plancher de briques en bois de bout

1 Recouvrez le plancher de panneaux de fibragglo-ciment collés avec un mortier à prise rapide et fixés au sous-plancher au moyen de vis à panneaux de fibragglo-ciment de 1 ¼ po (voir p. 60).

2 Tracez des lignes d'installation perpendiculaires en suivant les indications de l'étape 1, page 104. Tracez une autre ligne de référence, parallèle à la ligne d'installation, longitudinale, et distante de celle-ci d'une demi-longueur de brique plus une demi-largeur de joint.

3 Placez six briques le long des lignes verticales, sans adhésif. Mesurez la distance entre le bord supérieur de la première brique et le bord inférieur de la dernière brique. Ajoutez ¼ po pour chaque joint et tracez une série de lignes parallèles espacées de la distance obtenue. Vous pourrez dès lors vérifier si les briques sont installées en ligne droite.

4 Étalez dans un des quadrants une couche d'adhésif à prise rapide le long des lignes d'installation, et suffisante pour deux rangées de briques.

5 Enfoncez fermement les briques dans l'adhésif en leur faisant longer les lignes d'installation et en les séparant de la largeur des joints. Posez les briques du reste du plancher de la même façon et laissez sécher le tout pendant 24 heures.

Conseil : Pour couper une brique en bois de bout, tracez la ligne de coupe sur la brique et utilisez une scie combinée à chariot pour scier la brique en suivant cette ligne. Protégez le bord coupé au moyen d'un produit de finition à base d'huile.

6 Mélangez le coulis en suivant les instructions du fabricant. Utilisez un coulis contenant des additifs acryliques.

7 Dans un coin, commencez à appliquer le coulis entre les briques. Étalez le coulis à l'aide d'un aplanissoir en caoutchouc, en l'éloignant du coin. Tenez l'aplanissoir incliné à 60° et pesez fermement sur celui-ci pour remplir complètement les joints.

Suite à la page suivante

8 Essuyez l'excédent de coulis au moyen d'une éponge à coulis humide. Frottez les briques en diagonale en ne passant qu'une fois sur chaque joint pour éviter d'enlever le coulis qui s'y trouve. Rincez souvent l'éponge et laissez sécher le coulis pendant quatre heures.

9 Nettoyez les briques à l'aide d'un chiffon doux et sec. Lissez la surface de manière qu'elle soit débarrassée de toute trace de coulis et qu'elle ne soit pas recouverte d'une couche cireuse.

10 À l'aide d'un petit pinceau en mousse, appliquez une couche d'enduit protecteur pour coulis, sur les joints. Appliquez juste assez d'enduit pour mouiller le coulis. Essuyez immédiatement avec un chiffon toute trace d'enduit sur les briques.

Variante en vannerie: Placez les briques par paires, deux briques longitudinalement, puis deux briques transversalement. Alignez les bords extérieurs des briques.

Variante en arête de poisson: Alternez les briques longitudinales et transversales. Placez la première brique transversalement le long d'une ligne d'installation; placez ensuite une brique longitudinalement, à côté de la première; placez la brique suivante longitudinalement à mi-hauteur de la précédente. Répétez ce motif sur tout le plancher, en alignant les bords extérieurs des briques.

Comment installer un plancher en blocs de bout

1 Recouvrez le sous-plancher de panneaux de fibragglo-ciment, en suivant les indications de l'étape 1, page 110. Commencez au centre du plancher, placez plusieurs blocs sans les coller. Les espaces entre les blocs varieront, mais essayez d'écarter les blocs le moins possible.

2 Étalez l'adhésif à prise rapide sur le plancher et posez fermement les blocs à leur place. Par la suite, commencez toujours par placer les blocs sans les coller, pour bien les agencer.

3 Après avoir laissé sécher l'adhésif pendant 24 heures, éta-lez le coulis dans les joints en utilisant un aplanissoir en caoutchouc. Essuyez l'excédent de coulis et laissez sécher le coulis suivant les étapes 8 à 10 de la page précédente.

4 À l'aide d'un pinceau en mousse, appliquez sur les joints un enduit protecteur pour coulis. Appliquez suffisamment d'enduit pour humecter le coulis. Si de l'enduit tache les blocs, essuyez-le immédiatement avec un chiffon.

Installation de planchers flottants

Les planchers flottants sont les planchers les plus faciles à installer. Ils ont révolutionné l'installation des revêtements de sol, car ils ne nécessitent ni clous, ni agrafes, ni bandes à griffes, ni adhésif. Depuis l'arrivée sur le marché des planchers flottants munis d'un système spécial de fixation par rainure et languette, l'installation des revêtements de sol est passée du domaine exclusif des professionnels à celui des bricoleurs.

On associe le plus souvent les planchers flottants aux matériaux stratifiés, mais il existe des planchers flottants fabriqués dans d'autres matériaux. Le liège, dont on voit des exemples ci-dessous et aux pages 118 à 120, est à la mode, et sa pose ne présente aucune difficulté particulière.

Le plancher flottant a l'avantage de ne pas nécessiter de sous-plancher spécial. En réalité, le revêtement n'est pas fixé ou collé au sous-plancher, il « flotte » sur celui-ci et tient en place par son propre poids.

Cette méthode permet d'installer un plancher flottant sur la plupart des planchers existants. L'installation d'un plancher flottant est relativement simple grâce à un système de rainure et languette. Ce procédé rend l'installation extrêmement rapide, et l'on peut marcher sur le plancher dès qu'il est installé.

Le succès des planchers flottants est également dû à leur aspect lisse et brillant. Les stratifiés reproduisent l'aspect des bois durs, tandis que le liège à son propre cachet. Contrairement aux surfaces qu'ils imitent, les planchers flottants résistent aux griffes, aux entailles, à la décoloration, aux éraflures, aux taches et aux brûlures, ce qui en facilite l'entretien.

Photo : courtoisie de Natural Cork

Le grain du plancher en stratifié à gauche lui donne l'aspect du bois véritable et s'harmonise avec les accessoires en bois présents dans la pièce. Le plancher ci-dessus est fabriqué en liège. Ces deux planchers « flottent » sur un sous-plancher.

Réfléchissez à l'endroit où vous voulez installer le plancher flottant. Il est déconseillé de l'installer dans une salle de bains où il sera exposé à l'humidité, ou dans une entrée que les gens fouleront avec des souliers ou des bottes mouillés. Les planchers flottants résistent aux griffes et aux éraflures, mais pas à l'eau. Lorsque le plancher flottant est installé, appliquez un cordon de pâte à calfeutrer le long des panneaux qui risquent d'entrer en contact avec de l'eau, comme ceux qui se trouvent devant un lave-vaisselle, un évier ou une porte extérieure.

L'installation des planchers flottants est simple, rapide et ne nécessite pas l'utilisation d'adhésifs salissants. Mais, s'il ne faut pas consacrer beaucoup de temps à préparer le sous-plancher ni à installer des panneaux en fibragglo-ciment ou une membrane isolante, il faut néanmoins que le sous-plancher soit robuste et parfaitement de niveau.

On installe les planchers flottants sur une sous-couche déroulée sur toute la longueur du plancher. Certains planchers flottants n'exigent même pas de sous-couche, ce qui enlève encore une étape à l'installation. Les lamelles des planchers flottants ont un envers matelassé posé en usine, qui sert à la fois de sous-couche et de couche insonorisante.

Certaines lamelles, telles que celles en liège décrites aux pages suivantes, se fixent sans colle ni attaches. D'autres ont les languettes déjà recouvertes de colle et, lorsqu'on les assemble, le frottement fait chauffer la colle, ce qui assure une parfaite adhérence des lamelles. À la page 121, on montre comment il faut s'y prendre pour appliquer de la colle sur les joints des lamelles qui le demandent.

Les joints des planchers flottants sont très serrés. Il ne subsiste pas d'espace entre les panneaux contrairement à ce qui se passe avec les planchers en bois dur; vous ne devrez donc jamais vous soucier de nettoyer des joints sales ni de les débarrasser des débris qui peuvent s'y accumuler.

Outils et matériel :

Mètre à ruban, sous-couche, couteau universel, lamelles, scie circulaire, règle rectifiée, marteau, barre à outil pour revêtement de sol, pâte à calfeutrer, pistolet à calfeutrer, scie sauteuse, colle.

Une des caractéristiques intéressantes des lamelles de planchers flottants (ci-dessus et à gauche, ci-dessous), c'est qu'on peut y ajouter des motifs décoratifs. Quant au plancher (ci-dessous à droite), il imite l'aspect du bois véritable.

Comment installer un plancher flottant

1 Choisissez la sous-couche recommandée par le fabricant et déroulez-la de manière qu'elle recouvre toute la surface du plancher. Ne faites pas chevaucher les feuilles à l'endroit des joints.

2 Placez des intercalaires de ½ po le long du mur de départ ; ils créeront l'espace nécessaire à la dilatation du revêtement installé. Posez la première rangée de lamelles contre les intercalaires, rainures face au mur.

3 Installez les rangées successives de lamelles en les inclinant à 45° avant de les glisser en place sur la languette des lamelles précédentes. Espacez les joints de 8 po au moins.

4 Après avoir enfoncé le long bord de la lamelle à sa place, faites glisser la lamelle pour que la languette du bord court de la dernière lamelle du plancher s'insère dans la rainure du bord court de la lamelle que vous placez.

5 À l'extrémité de chaque rangée, utilisez une barre à outil pour revêtements de sol et un marteau pour mettre la dernière lamelle en place. Laissez un espace de ½ po le long des murs.

Coupez les lamelles en les tournant la face en bas. Marquez-les à la longueur voulue et sciez-les le long de la ligne de coupe au moyen d'une scie circulaire. Si les chutes ont plus de 10 po de long, utilisez-les pour commencer la rangée suivante.

Suite à la page suivante

Comment installer un plancher flottant (suite)

6 Pour installer la dernière rangée du revêtement, superposez très exactement les lamelles sur la dernière rangée installée. Placez une troisième lamelle sur la deuxième et appuyez-la contre les intercalaires de ½ po, le long du mur. Tracez une ligne sur la deuxième lamelle, en longeant le bord de la troisième lamelle et sciez la deuxième lamelle en suivant cette ligne.

7 Posez les lamelles de la dernière rangée à leur place. Si nécessaire, utilisez la barre à outil pour revêtements de sol.

8 Appliquez un cordon de pâte à calfeutrer le long du bord du revêtement pour éviter toute infiltration d'eau.

Pour installer une lamelle autour d'un obstacle, placez celle-ci contre l'obstacle, marquez le contour de l'obstacle découpez la lamelle au moyen d'une scie sauteuse. Installez-la en fermant les joints à rainure et languette entre la lamelle découpée et la lamelle précédente.

Comment installer un plancher flottant en utilisant de l'adhésif

1 Suivez le processus d'installation d'un plancher sans adhésif mais, plutôt que de serrer les joints à rainure et languette, appliquez l'adhésif recommandé par le fabricant dans la rainure de chaque lamelle. N'oubliez pas de coller également les joints d'extrémité.

2 Placez la rainure contre la languette de la lamelle précédente. À l'aide d'un morceau de bois appuyé contre la lamelle et d'un maillet, enfoncez-la à sa place. Installez les autres lamelles de la même façon.

3 À l'aide d'un chiffon humide, essuyez, avant qu'il ne sèche, l'éventuel excédent d'adhésif que les joints exsudent.

Humidifiez les rainures des lamelles encollées en usine, puis glissez-les sur les languettes des lamelles précédentes.

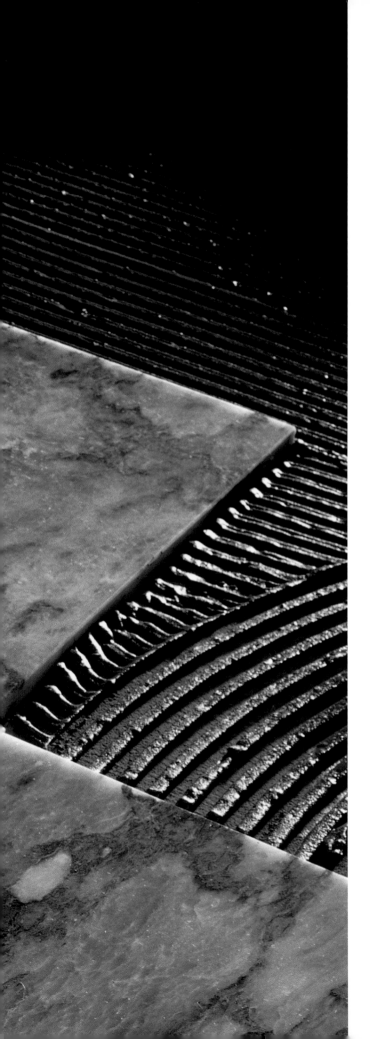

Revêtements de sol résilients et revêtements de céramique et de pierre

Les carreaux résilients et les carreaux de céramique et de pierre permettent d'incorporer des motifs compliqués dans les planchers. Ils permettent aussi d'utiliser différentes couleurs afin de créer un effet visuel saisissant. Les joints des planchers en carreaux de céramique ou de pierre peuvent faire ressortir les couleurs des carreaux et ajouter une note attrayante à un plancher.

Ces revêtements de sol et les revêtements résilients en feuilles sont surtout utilisés dans les cuisines, les salles de bains et les vestibules. Ils résistent à l'humidité et conviennent parfaitement aux pièces pour lesquelles le bois dur et la moquette sont déconseillés. On utilise également les carreaux en marbre et autres carreaux haut de gamme dans les endroits de réception tels que les salons et les salles à manger.

Dans cette section, on vous montre comment installer des carreaux de céramique et un revêtement résilient. Les carreaux résilients à renfort autocollant sont probablement les revêtements qui s'installent le plus facilement et le plus rapidement. Une fois qu'on a tracé les lignes de référence, on enlève le papier encollé sur le renfort des carreaux et on place ceux-ci sur le plancher. Pour installer un revêtement résilient en feuilles, il faut étendre l'adhésif sur tout le plancher, mais l'installation est quand même relativement rapide. Quant aux carreaux de céramique, on les pose sur une couche de mortier à prise rapide et on remplit les joints de coulis.

L'installation des carreaux de céramique et des carreaux résilients débute par la détermination des lignes de référence partant du centre de la pièce et par la pose, à sec, des carreaux en vue de leur agencement. Comme les autres revêtements de sol, le plancher en céramique et le plancher résilient doivent reposer sur une sous-couche soigneusement préparée si l'on veut que leur installation soit digne d'un professionnel.

Choisissez des carreaux de céramique ou un revêtement résilient antidérapants. Les carreaux de céramique dont la surface est texturée ou légèrement vernissée rempliront cette condition tout en résistant aux taches.

Les fabricants de planchers résilients proposent des motifs classiques ou modernes ; vous trouverez donc sûrement un motif qui conviendra au style de vos pièces. Le plancher de la photo supérieure présente un motif décoratif imitant l'aspect d'un carreau de céramique scellé avec du coulis. Le bleu éclatant du plancher de la chambre à coucher (photo inférieure) offre un contraste étonnant avec les murs blancs.

Revêtements de sol résilients

Le revêtement de sol résilient a beaucoup évolué depuis l'époque des planchers en linoléum. On trouve actuellement des planchers en vinyle qui imitent avec beaucoup de réalisme la céramique, la pierre et le granito.

Les revêtements de sol résilients sont fabriqués en différents matériaux. Le vinyle est le revêtement résilient le plus répandu, mais on trouve également des revêtements en caoutchouc et en liège. Le revêtement en vinyle se présente en feuilles ou en carreaux dont l'épaisseur varie de $\frac{1}{16}$ à $\frac{1}{8}$ po. Les feuilles se vendent en rouleaux de 6 et de 12 pi de large dont le renfort est formé d'une couche de PVC ou de feutre selon le type d'installation auquel le revêtement est destiné. Les carreaux sont normalement carrés, ont 12 ou 16 po de côté, et leur renfort peut être autocollant.

L'installation des revêtements résilients est plus facile que celle de la plupart des autres revêtements. Le vinyle en feuilles à renfort en feutre se colle sur le plancher suivant la méthode d'encollage complet, c'est-à-dire qu'on pose le revêtement sur une surface entièrement recouverte d'une couche d'adhésif. On colle le vinyle en feuilles à renfort en PVC le long des bords, selon la méthode dite à encollage périphérique. Les carreaux de vinyle sont plus faciles à installer, mais comme ces planchers ont de nombreux joints, ils ne conviennent pas aux endroits humides.

Le vinyle en feuilles se vend à la verge carrée, mais le vinyle en carreaux se vend au pied carré. Leur coût est comparable à celui de la moquette, mais il est inférieur à celui des carreaux de céramique ou de bois dur. Les prix sont basés sur le pourcentage de vinyle que contient le matériau, l'épaisseur du produit et la complexité du motif.

Que vous installiez du vinyle en feuilles ou en carreaux, vous devez le poser sur une sous-couche lisse. Le moindre débris ou défaut de la sous-couche marquera le revêtement.

Ce plancher de cuisine combine différentes couleurs pour former un décor plaisant.

Les couleurs vives de ce plancher résilient sont assorties à l'ameublement et à la décoration de l'ensemble de la pièce.

Outils et matériel de préparation

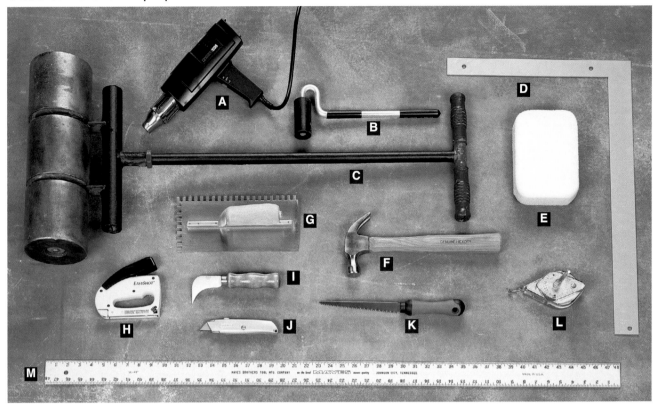

Les outils utilisés pour installer un revêtement résilient comprennent le pistolet chauffant (A), le rouleau en J (B), le rouleau de plancher (C), l'équerre de charpente (D), l'éponge (E), le marteau (F), la truelle à encoches (G), l'agrafeuse (H), le couteau à linoléum (I), le couteau universel (J), le couteau à plaques de plâtre (K), le cordeau traceur (L), la règle rectifiée (M).

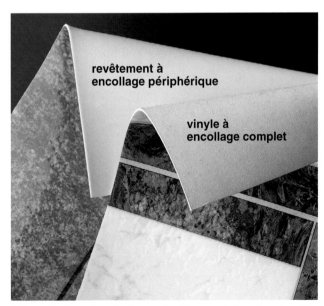

L'installation de vinyle en feuilles se fait soit suivant la méthode à encollage complet, soit suivant la méthode à encollage périphérique. La feuille de vinyle à encollage complet est munie d'un renfort en feutre et papier, et on l'installe au moyen d'un adhésif que l'on étend préalablement sur le plancher. Le revêtement à encollage périphérique, qui se reconnaît à son renfort en PVC lisse et blanc, s'installe directement sur la sous-couche à laquelle il adhère grâce à un adhésif déposé uniquement le long des bords et des joints.

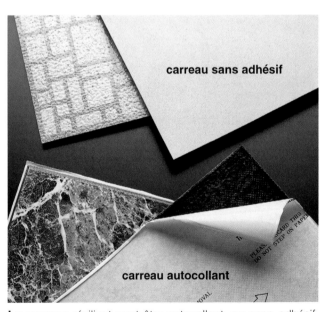

Le carreau résilient peut être autocollant, ou sans adhésif. L'envers du carreau autocollant est muni d'une couche d'adhésif, protégée par une pellicule de papier ciré qu'il suffit de décoller lorsqu'on installe le carreau. Quant au carreau sans adhésif, on le colle sur la sous-couche préalablement recouverte d'adhésif. Le carreau autocollant est plus facile à installer que le carreau sans adhésif, mais le collage est moins fiable. N'utilisez pas d'adhésif supplémentaire avec les carreaux autocollants.

Conseil pour l'installation des revêtements résilients

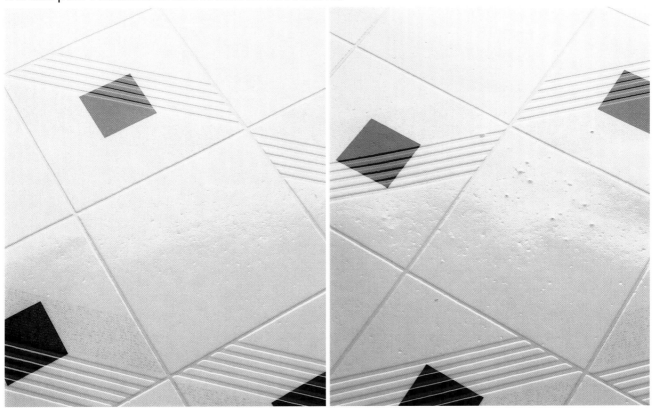

Balayez soigneusement la sous-couche et passez-y l'aspirateur avant d'installer le revêtement résilient, pour que la surface finie soit lisse et sans défaut (à gauche). Les débris laissés sur la sous-couche créeront des bosses visibles à la surface du revêtement (à droite).

Manipulez le vinyle en feuilles avec précaution pour éviter les plis ou les déchirures (mortaise). Faites-vous aider pour ne pas commettre d'erreurs coûteuses. Assurez-vous que le vinyle en feuilles se trouve à la température de la pièce avant de le manipuler.

Les revêtements résilients les plus résistants sont fabriqués, au moins partiellement, en vinyle. En général, les produits plus riches en vinyle sont de meilleure qualité. Dans les revêtements en vinyle massif, le motif est constitué de couches de vinyle massif. Dans le revêtement en vinyle de composition, on combine le vinyle avec des charges. Quant au revêtement en vinyle imprimé, il doit ses couleurs et son motif à une impression au cadre. L'impression est protégée par une couche d'usure faite de vinyle et d'uréthane.

Installation du vinyle résilient en feuilles

Le point le plus important, dans l'installation du vinyle résilient en feuilles, c'est la préparation de la sous-couche dont la surface doit être virtuellement parfaite. Il faut aussi découper le matériau pour qu'il s'ajuste parfaitement au contour de la pièce. La meilleure façon d'assurer la précision des coupes, c'est de dessiner un patron. Certains fabricants proposent des gabarits de coupe, mais vous pouvez en confectionner un en suivant les indications données à la page suivante. Les fabricants exigent souvent que l'on utilise leur adhésif pour l'installation. Lorsque vous manipulez du vinyle en feuilles, n'oubliez pas que ce produit – surtout s'il possède un renfort en feutre – peut facilement faire un faux pli ou se déchirer si vous n'y prenez garde.

Outils et matériel :

Couteau à linoléum, équerre de charpente, compas, ciseaux, stylo-feutre à encre effaçable, couteau universel, règle rectifiée, truelle à encoches en V de ¼ po, rouleau en J, agrafeuse, rouleau de plancher, cordeau traceur, pistolet chauffant, truelle à encoches en V de ¹⁄₁₆ po, règle rectifiée, revêtement de sol en vinyle, ruban-cache, papier épais de boucherie ou papier d'emballage brun, ruban adhésif entoilé, adhésif pour revêtements de sol, agrafes de ⅜ po, barre de seuil en métal, clous.

Comment couper le vinyle

Utilisez un couteau à linoléum ou un couteau universel et une règle rectifiée pour couper un revêtement résilient. Assurez-vous que la lame du couteau est affûtée et changez-la souvent. Coupez toujours le vinyle sur une surface lisse comme un panneau de bois dur.

Comment faire un gabarit de coupe

1 Placez des feuilles de papier épais de boucherie ou de papier d'emballage brun, à plat, le long des murs, à ⅛ po de ceux-ci. À l'aide d'un couteau universel, découpez des ouvertures triangulaires dans le papier. Fixez le gabarit au plancher en collant du ruban-cache dans ces ouvertures.

2 Suivez la configuration de la pièce. Faites chevaucher sur 2 po environ les bords des feuilles de papier adjacentes, et attachez-les au fur et à mesure avec du ruban-cache.

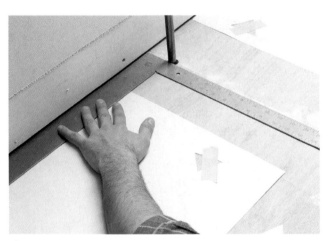

3 Ajustez le gabarit autour d'un tuyau en attachant le papier de chaque côté. Mesurez la distance entre le mur et le centre du tuyau et soustrayez ⅛ po.

4 Reproduisez cette distance sur une autre feuille de papier. À l'aide d'un compas, dessinez la section du tuyau sur cette feuille et découpez-la en suivant le tracé, avec des ciseaux ou un couteau universel. Coupez une fente du bord du papier jusqu'au trou.

5 Ajustez la découpe du trou autour du tuyau. Attachez ce gabarit au papier adjacent avec du ruban-cache.

6 Lorsque vous avez terminé, enroulez le gabarit ou pliez-le lâchement pour pouvoir le transporter.

Installation de vinyle en feuilles à encollage périphérique

1 Déroulez le revêtement sur une grande surface, propre et horizontale. Pour éviter les faux plis, le fabricant fournit le vinyle en feuilles enroulé, motif vers l'extérieur. Déroulez la feuille et placez le motif en haut pour le traçage.

2 Si l'installation comprend plusieurs feuilles, faites-les chevaucher sur 2 po au moins, en faisant coïncider les lignes des motifs ou les faux joints de coulis. Quand les motifs coïncident parfaitement, attachez-les avec du ruban adhésif entoilé.

3 Attachez le gabarit en papier sur la feuille en vinyle au moyen de ruban-cache. Tracez le contour sur le revêtement à l'aide d'un stylo-feutre à encre effaçable.

4 Enlevez le gabarit. Découpez la feuille de vinyle suivant le contour, au moyen d'un couteau à linoléum affûté ou d'un couteau universel muni d'une lame neuve. Utilisez une règle rectifiée pour faire les longues coupes.

5 Découpez les trous aux endroits des tuyaux et des autres obstacles. Coupez ensuite une fente allant de chaque trou vers le bord le plus rapproché du revêtement, en suivant autant que possible les lignes des motifs.

6 Enroulez lâchement le revêtement et transportez-le dans la pièce où vous allez l'installer. Ne le pliez pas. Déroulez-le et posez-le soigneusement, en faisant glisser les bords sous les encadrements des portes.

7 Si l'installation comprend plusieurs feuilles, procédez au découpage des joints. Appuyez fermement une règle rectifiée sur le revêtement et coupez à travers les deux couches du revêtement, en suivant les lignes des motifs.

8 Enlevez les déchets de revêtement. Le motif doit être ininterrompu à l'endroit du joint.

Suite à la page suivante

9 Repliez le bord des deux feuilles. Utilisez un couteau à plaques de plâtre ou une truelle dentelée de ¼ po pour appliquer de l'adhésif tout usage pour revêtements de sol sur une bande de 3 po de large de la sous-couche ou de l'ancien revêtement, à l'endroit des futurs joints.

10 Posez les bords du joint sur l'adhésif. Appuyez – avec vos doigts si nécessaire – sur le revêtement pour rapprocher les bords et fermer le joint. Ensuite, passez sur le joint un rouleau en J ou un rouleau à joints de plaques de plâtre.

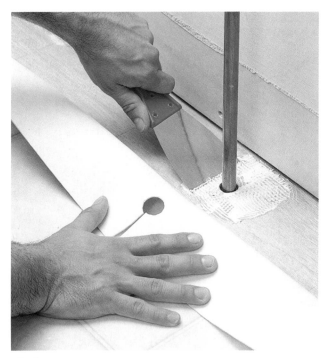

11 Appliquez de l'adhésif autour des tuyaux, des obstacles et tout autour de la pièce. Pressez le revêtement sur l'adhésif à l'aide du rouleau, pour le faire adhérer fermement.

12 Si vous posez le revêtement sur une sous-couche en bois, fixez les bords extérieurs de la feuille au plancher au moyen d'agrafes de ⅜ po, plantées tous les 3 po. Assurez-vous que les plinthes couvriront les agrafes lorsqu'on les reposera.

Installation de vinyle en feuilles à encollage complet

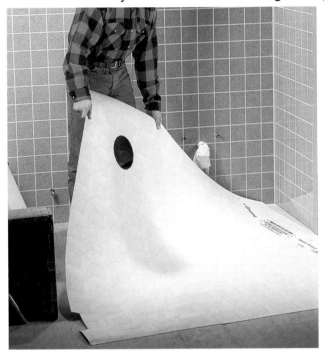

1 Découpez le vinyle (p. 130-131, étapes 1 à 5) et installez-le en place dans la pièce, en glissant les bords de la feuille sous les encadrements des portes.

2 Repliez une moitié du revêtement sur l'autre et appliquez une couche d'adhésif pour revêtements de sol sur la sous-couche ou l'ancien revêtement, au moyen d'une truelle dentelée de ¼ po. Dépliez le revêtement pour qu'il entre en contact avec l'adhésif.

3 Pour augmenter l'adhérence et éliminer les poches d'air, passez un lourd rouleau de plancher sur le revêtement. Commencez au centre de la pièce et progressez vers les murs. Repliez la section non collée du revêtement sur l'autre, appliquez l'adhésif, dépliez-la de la même manière que la première et passez le rouleau. Utilisez un chiffon humide pour essuyer l'excédent d'adhésif.

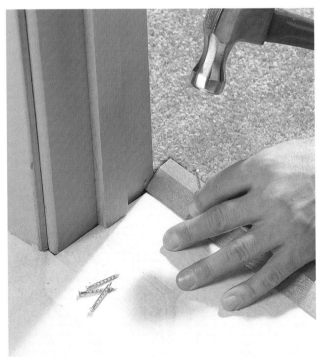

4 Mesurez, coupez et installez les seuils métalliques des portes sur le bord du revêtement en vinyle et clouez chacun d'eux en place.

Installation de carreaux résilients

L'installation de carreaux résilients demande, comme toute installation de carreaux, des lignes d'installation soigneusement tracées. Avant d'arrêter un agencement et de poser les carreaux, faites un essai sans adhésif pour découvrir les éventuels problèmes.

N'oubliez pas ce qui distingue les lignes de référence (voir la page suivante) des lignes d'installation (voir p. 136). Les lignes de référence marquent le centre de la pièce et divise celle-ci en quadrants. Si l'agencement symétrique des carreaux le long de ces lignes est impossible, vous devrez créer des lignes d'installation en déplaçant légèrement les lignes de référence.

Lorsque cette tâche est terminée, l'installation proprement dite est relativement rapide, surtout si vous installez des carreaux autocollants. Assurez-vous de serrer les joints des carreaux et de poser ceux-ci d'équerre.

Si les carreaux présentent une surface grenée, on peut soit toujours orienter le grain dans la même direction, soit faire faire un quart de tour aux carreaux voisins de manière à alterner le grain d'un carreau à l'autre. Quelle que soit la méthode choisie, conservez-la pendant toute la pose.

Outils et matériel :

Mètre à ruban, cordeau traceur, équerre de charpente, couteau universel, truelle à encoches de $\frac{1}{16}$ po, pistolet chauffant, carreaux résilients, adhésif pour revêtements de sol (pour les carreaux sans adhésif).

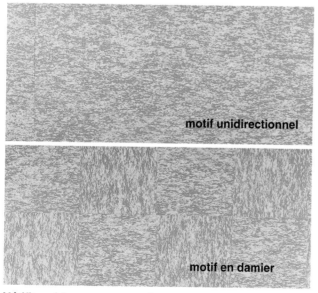

Vérifiez si les carreaux présentent des caractéristiques directionnelles particulières, telles que l'orientation du grain du vinyle. Vous pouvez choisir d'installer les carreaux suivant un modèle unidirectionnel et orienter le grain de tous les carreaux dans la même direction (photo du haut), ou faire faire un quart de tour à chaque nouveau carreau de manière à créer une impression de damier (photo du bas).

Pour effectuer des coupes curvilignes dans un carreau en vinyle épais et rigide, commencez par chauffer le dos du carreau à l'aide d'un pistolet chauffant et coupez-le ensuite tant qu'il est chaud.

Comment tracer des lignes de référence en vue de l'installation des carreaux

1 Mesurez deux côtés opposés de la pièce et marquez leur milieu. Joignez ces points d'un trait (X) au moyen d'un cordeau traceur : c'est une première ligne de référence.

2 Mesurez la ligne de référence et marquez le milieu. De ce point, à l'aide d'une équerre de charpente, tracez le début d'une deuxième ligne de référence (Y) et achevez-la au moyen du cordeau traceur.

3 Vérifiez la perpendicularité des deux lignes en utilisant la méthode du triangle 3-4-5. Du centre, mesurez 3 pi sur la ligne X et marquez l'endroit d'un point. De la même manière, mesurez 4 pi sur la ligne Y et marquez l'endroit d'un point.

4 Mesurez la distance entre les deux points. Si les lignes de référence sont perpendiculaires, cette distance mesure exactement 5 pi. Si ce n'est pas le cas, corrigez les lignes de référence pour qu'elles soient perpendiculaires.

Comment établir les lignes d'installation des carreaux

1 Tracez les lignes de référence perpendiculaires à l'aide d'un cordeau traceur. Placez des carreaux le long de la ligne Y en faisant coïncider un joint avec la ligne X. Déplacez-les dans un sens ou dans l'autre pour respecter la symétrie ou pour réduire le nombre de découpes nécessaires.

2 Si vous avez dû déplacer les carreaux, tracez une nouvelle ligne, parallèle à la ligne de référence X et passant par le joint de carreau le plus rapproché de la ligne X. Cette nouvelle ligne, X', est la première ligne d'installation. Pour éviter toute confusion, utilisez une craie de couleur différente pour tracer la ligne X'.

3 Placez des carreaux le long de la ligne X'. Si nécessaire, déplacez de nouveau les carreaux, comme ci-dessus.

4 Si vous avez dû déplacer les carreaux le long de la ligne X', tracez une nouvelle ligne, Y', parallèle à la ligne de référence (Y) et passant par le joint d'un carreau. Cette nouvelle ligne Y' sera la deuxième ligne d'installation.

Comment installer des carreaux résilients autocollants

1 Détachez la pellicule en papier d'un carreau et installez celui-ci dans un des coins formés par l'intersection des deux lignes d'installation. Installez trois carreaux ou plus le long de chaque ligne d'installation, dans ce quadrant. Pressez la surface de chaque carreau installé pour qu'il adhère bien à la sous-couche.

2 Commencez à installer des carreaux à l'intérieur du quadrant, en formant des joints serrés.

Note : Le carreau est à l'envers pour la clarté de l'explication ; mais les carreaux doivent être marqués du côté du motif

3 Achevez d'installer les carreaux entiers du premier quadrant et passez ensuite à un des quadrants adjacents. Installez de nouveau des carreaux le long des lignes d'installation, puis remplissez l'intérieur du quadrant.

4 Pour couper un carreau qui arrive contre un mur, commencez par le placer (A) à l'endroit sur le dernier carreau entier. Posez un intercalaire de ⅛ po d'épaisseur contre le mur et placez un carreau (B) contre l'intercalaire, sur le carreau à couper. C'est la partie découverte du carreau à couper qui sera installée. Tracez la ligne de coupe le long du bord de ce carreau (B).

Suite à la page suivante

Comment installer des carreaux résilients autocollants (suite)

Conseil : Pour marquer les carreaux entourant les coins extérieurs, tracez un gabarit en carton qui correspond à la surface à couvrir, en prévoyant un espace libre de ⅛ po le long des murs. Découpez le gabarit, vérifiez s'il s'ajuste à l'ouverture et reproduisez son contour sur un carreau.

5 Coupez le carreau à l'aide d'un couteau universel et d'une règle rectifiée. Tenez fermement la règle le long des lignes de coupe pour que la découpe soit bien droite.

Variante : Si le carreau est épais, vous pouvez également le couper avec un coupe-carreaux.

6 Installez les carreaux coupés contre les murs. Si vous coupez tous les carreaux à l'avance, mesurez, à différents endroits, la distance entre le mur et les carreaux installés pour vous assurer que cette distance est constante.

7 Continuez d'installer les carreaux dans les autres quadrants jusqu'à ce que tout le plancher de la pièce soit couvert. Vérifiez l'installation du plancher entier, en pesant sur les carreaux pour accroître leur adhérence. Installez un seuil métallique là où le nouveau revêtement en rencontre un autre.

Comment installer des carreaux sans adhésif

1 Tracez les lignes de référence perpendiculaires et placez les carreaux en vue de l'agencement final. Appliquez l'adhésif autour de l'intersection des lignes d'installation, à l'aide d'une truelle à encoches en V de 1/16 po. Tenez la truelle inclinée à 45° et étendez uniformément l'adhésif sur la surface.

2 Étendez de l'adhésif dans trois des quadrants de la zone d'installation. Laissez-le prendre, conformément aux instructions du fabricant, et installez ensuite les carreaux, en commençant à l'intersection des lignes d'installation. Vous pouvez vous agenouiller sur les carreaux déjà installés pour poursuivre l'installation. Lorsque les trois quadrants son complètement recouverts de carreaux, étendez de l'adhésif sur le dernier quadrant et installez les carreaux restants.

Carreaux de céramique et de pierre

Le terme «carreaux de céramique» s'étend à une grande variété de revêtements de sol en dur, fabriqués en argile moulée. Les types de revêtements diffèrent sensiblement l'un de l'autre, mais on les installe tous en utilisant un mortier à base de ciment comme adhésif, et un coulis pour remplir les espaces vides entre les carreaux. Et on applique les mêmes techniques pour installer les carreaux taillés dans la pierre naturelle, comme le marbre ou le granit.

Les carreaux de céramique et de pierre sont les plus durs de tous les revêtements de sol. À quelques exceptions près, ce sont aussi les plus chers. Mais leur durabilité justifie leur prix.

Pour qu'un plancher en carreaux dure longtemps, il faut l'installer sur un sous-plancher lisse, stable et de niveau (voir p. 37). De plus, la sous-couche doit être de bonne qualité. Les meilleures sous-couches sont celles en panneaux de ciment, ou en panneaux de fibragglo-ciment, plus minces, car elles sont stables et résistent à l'humidité Les panneaux de ciment sont fabriqués exclusivement en vue de leur utilisation dans l'installation des carreaux de céramique (voir p. 60). Dans une pièce qui n'est pas exposée à l'humidité, la sous-couche en contreplaqué pour extérieur convient parfaitement et elle coûte moins cher.

Vous pouvez également utiliser une membrane isolante, qui sert à protéger les carreaux de céramique et de pierre contre les mouvements causés par les fissures des planchers en béton. La membrane isolante peut servir à recouvrir des fissures ou le plancher complet. À la page 61, on vous montre comment installer une membrane isolante.

Les carreaux de céramique sont souvent vernissés, ce qui protège l'argile poreuse contre les taches. Si vous choisissez un carreau non vernissé, vous devrez le sceller correctement après l'avoir installé et régulièrement par la suite, pour le protéger contre les taches et l'eau. Les coulis standard doivent également être protégés contre les taches. Mélangez votre coulis avec un additif au latex et appliquez un produit de scellement pour coulis après avoir laissé sécher le coulis. Par la suite, appliquez ce produit une fois par an.

L'adhésif pour carreaux de céramique le plus répandu est le mortier à prise rapide, qui se vend sous forme de poudre sèche à mélanger avec de l'eau. Les adhésifs prémélangés ne sont pas recommandés pour les planchers.

Le revêtement de sol en carreaux de céramique doit être à la fois durable et antidérapant. Choisissez des carreaux qui sont soit texturés, soit très légèrement vernissés – pour qu'ils soient antidérapants tout en assurant une protection contre les taches – et qui sont classés dans les groupes de résistance 3, 4 ou 5.

Une bordure décorative entoure l'îlot de la cuisine ci-dessus tandis que les autres carreaux sont assortis aux dessus de comptoirs. Les carreaux de la salle de bains ci-dessous ont une couleur et un motif qui se répètent dans toute la pièce.

Des carreaux bien installés peuvent durer des décennies ; vous devez donc choisir des couleurs et des motifs qui conserveront leur attrait. Les styles à la mode risquent de vous lasser après quelques années. On trouve des carreaux de toutes les formes et de toutes les dimensions. Les carreaux carrés agrandissent une pièce et présentent moins de lignes de coulis, ce qui facilite leur entretien. Les carreaux de forme irrégulière – rectangulaires, hexagonaux et octogonaux – présentent entre eux des espaces que l'on remplit souvent avec des carreaux plus petits en forme de losanges ou de carrés.

On peut rendre un plancher plus décoratif en l'ornant de bordures mosaïques et de carreaux imprimés vernissés formant des bordures continues ou placés séparément entre les autres carreaux. Les carreaux mosaïques sont fabriqués soit en porcelaine non vernissée, soit en céramique vernissée, et on les achète en feuilles dont les carreaux sont tenus ensemble par un renfort maillé en papier ou en plastique.

Si vous avez l'intention d'installer des carreaux de bordure contre les murs, réfléchissez à leur installation pendant que vous organisez l'agencement des carreaux de plancher. Certains carreaux de bordure sont posés, verticalement, et reposent sur le plancher, leurs bords finis affleurant les carreaux du plancher; d'autres reposent sur les carreaux du plancher et sont posés, verticalement, après que ceux-ci ont été installés et jointoyés.

Outils et matériel :

Cordeau traceur, truelle à encoches carrées de ¼ po, maillet en caoutchouc, outils à couper les carreaux (voir p. 146-147), pince à bec effilé, couteau universel, aplanissoir à coulis, éponge à coulis, chiffon à polir, pinceau en mousse, carreaux, mortier à prise rapide, séparateurs de carreaux, bois scié de 2 po x 4 po, matériau de seuil, coulis, additif au latex (mortier et coulis), produit de scellement pour coulis, pâte à calfeutrer à base de silicone.

Photo : courtoisie de Ceramic Tile of Italy

Les carreaux de champ, placés à 45° ainsi que la bordure décorative et le médaillon attirent le regard sur le plancher ci-dessus. En plaçant tous les carreaux à 45°, on a créé le modèle de base du plancher ci-dessous, qui souligne la simplicité de la pièce.

Photo : courtoisie de Ceramic Tile of Italy

Le mortier à prise rapide est un ciment à grain fin, utilisé pour liaisonner les carreaux à la sous-couche. On le prépare en ajoutant de l'eau, petit à petit, à une poudre sèche et en brassant le mélange jusqu'à ce qu'il ait une consistance crémeuse. Certains mortiers en poudre contiennent un additif au latex, d'autres pas ; il faut alors ajouter à la poudre un additif liquide au latex, au moment de la préparation du mortier.

Outils et matériel de carrelage

Les outils utilisés pour couper les carreaux et pour appliquer le mortier et le coulis sont généralement petits et ne coûtent pas cher.

Le matériel d'installation des carreaux comprend le mortier adhésif à prise rapide, utilisé pour cimenter les carreaux à la sous-couche ; le coulis, utilisé pour remplir les joints laissés entre les carreaux ; les produits de scellement, utilisés pour protéger la surface des carreaux et le coulis. N'utilisez que des produits recommandés par le fabricant des carreaux.

Les matériaux de bordure et de finition utilisés dans l'installation des carreaux de céramique comprennent les carreaux de bordure (A), qu'on installe autour de la pièce, et les carreaux à bords arrondis (B), qu'on installe dans les entrées de portes et dans les autres endroits de transition. Les seuils de portes (C) sont fabriqués en matériaux synthétiques ou en matériaux naturels tels que le marbre, et ils ont une épaisseur allant de ¼ po à ¾ po pour convenir aux différentes épaisseurs de planchers. Les seuils fabriqués avec des minéraux massifs sont les plus durables. Si le seuil en céramique est trop long pour la largeur de la porte, coupez-le à la longueur voulue au moyen d'une scie sauteuse ou d'une scie circulaire, munies de lames au carbure.

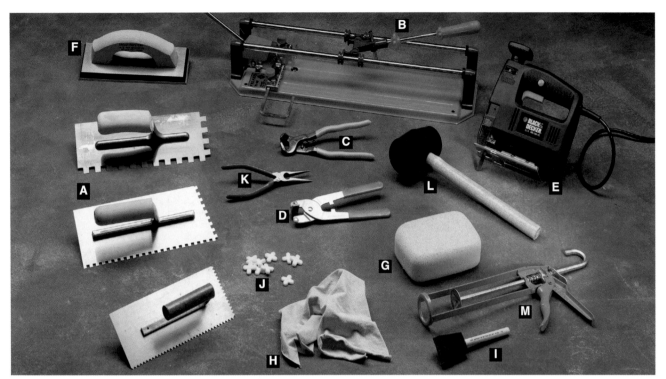

Les outils de carrelage comprennent les outils à étendre l'adhésif, les outils de coupe et les outils de jointoiement. Les truelles à encoches (A) pour étaler le mortier ; la dimension de l'encoche doit être proportionnelle à la dimension du carreau à installer. Les outils de coupe comprennent le coupe-carreaux (B), la pince coupante (C), le coupe-carreaux à main (D) et la scie sauteuse à lame au carbure (E). Les outils de jointoiement comprennent l'aplanissoir en caoutchouc (F),

l'éponge à coulis (G), le chiffon à polir (H) et le pinceau en mousse (I) pour appliquer le produit de scellement sur le coulis. Les autres outils de carrelage comprennent les séparateurs (J) de différentes dimensions pour créer des joints de coulis de différentes largeurs, la pince à bec effilé (K), le maillet en caoutchouc (L), qui permet d'enfoncer les carreaux dans le mortier, et le pistolet à calfeutrer (M).

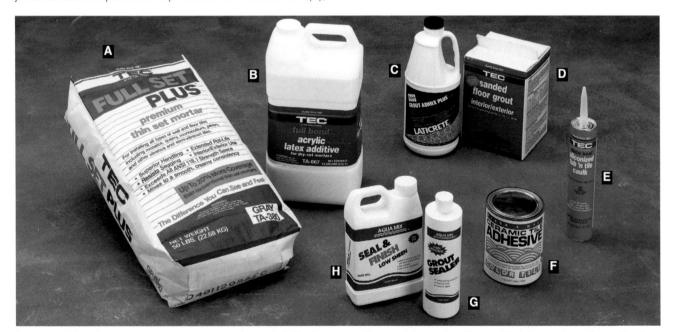

Les produits de carrelage comprennent les adhésifs, les coulis et les produits de scellement. Le mortier à prise rapide (A), l'adhésif le plus répandu, est souvent renforcé par un additif au latex (B). On peut ajouter un additif (C) au coulis pour carreaux (D) afin de l'assouplir et d'augmenter sa durabilité. Le coulis remplit les espaces entre les carreaux, et on peut assortir ses couleurs à celles des carreaux. La pâte à

calfeutrer à base de silicone (E) doit remplacer le coulis dans les endroits où les carreaux rencontrent une autre surface, comme une baignoire. On utilise l'adhésif murs-carreaux (F) pour installer les carreaux de bordure. Le produit de scellement pour coulis (G) et celui pour carreaux poreux (H) protègent les matériaux contre les taches et facilitent leur entretien.

Comment couper des carreaux de céramique en utilisant un coupe-carreaux

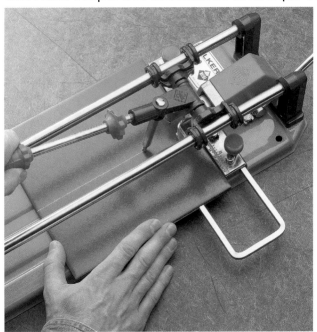

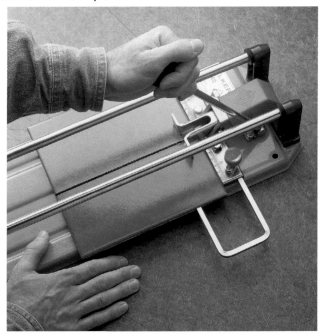

1 Tracez une ligne de coupe sur le carreau à l'aide d'un crayon; placez ensuite le carreau dans le coupe-carreaux de manière que la molette repose directement sur la ligne. En pesant fermement sur la poignée de la molette vers le bas, faites rouler la molette sur la surface du carreau, pour la rayer. La coupe sera nette si vous ne rayez le carreau qu'une fois.

2 Cassez le carreau le long de la rayure, en suivant les instructions du fabricant. Habituellement, on casse le carreau en abaissant brusquement un levier du coupe-carreaux.

Comment couper des carreaux de céramique en utilisant des outils à commande mécanique

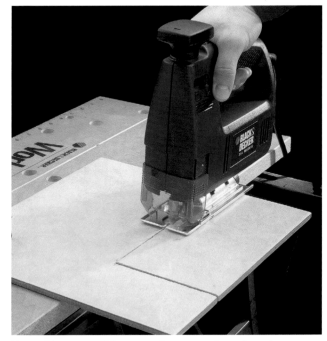

Les scies à carreaux, appelées aussi « scies à eau » parce qu'on utilise de l'eau pour refroidir les lames et les carreaux, servent surtout à couper les carreaux en pierre naturelle. Elles sont également utiles lorsqu'il faut faire rapidement des encoches dans toutes sortes de carreaux durs. Vous pouvez louer des scies à eau chez les marchands de carreaux et dans les centres de location.

Pour découper d'équerre des encoches, fixez le carreau sur une table porte-pièce et effectuez les coupes à l'aide d'une scie sauteuse munie d'une lame au carbure de tungstène. Si vous devez effectuer plusieurs encoches, la scie à eau est plus pratique.

Comment couper des carreaux de céramique en utilisant une pince coupante

1 Tracez une ligne de coupe courbe sur la surface du carreau et rayez le carreau en suivant cette ligne avec la molette d'un coupe-carreaux à main. Faites plusieurs rayures parallèles, distantes l'une de l'autre de ¼ po maximum, dans la partie à rejeter du carreau.

2 À l'aide d'une pince coupante à carreaux, coupez la partie rayée du carreau. Pour découper des ouvertures circulaires au milieu d'un carreau, commencez par rayer et casser le carreau de manière à diviser le futur trou en deux, et enlevez le matériau à rejeter de chaque côté de la moitié du futur trou.

Conseils pour couper des carreaux de céramique

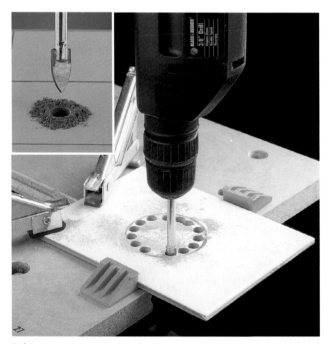

Pour couper une mosaïque de carreaux de céramique, utilisez un coupe-carreaux pour rayer les carreaux de la rangée à couper. Coupez la partie excédentaire de la feuille de mosaïque à l'aide d'un couteau universel et servez-vous ensuite d'un coupe-carreaux à main pour casser les carreaux, un à un. Utilisez une pince coupante à carreaux pour couper les parties étroites des carreaux après les avoir rayés.

Découpez les trous des raccordements de plomberie et des autres obstacles en traçant le contour de ces ouvertures sur le carreau et en forant le carreau le long du contour, à l'aide d'un embout à carreaux de céramique (mortaise). Avec un marteau, frappez légèrement sur le morceau à rejeter. Les arêtes vives du trou seront couvertes par les plaques de protection des accessoires de plomberie appelées « écussons ».

Installation
des carreaux
de céramique

Les premières étapes de l'installation des carreaux de céramique sont les mêmes que celles de l'installation des carreaux en vinyle : tracer des lignes d'installation perpendiculaires et poser les carreaux pour déterminer leur meilleur agencement.

Posez les carreaux par petites sections, pour que le mortier n'ait pas le temps de sécher avant que vous ne posiez les carreaux. Utilisez des séparateurs entre les carreaux pour qu'ils soient uniformément espacés. Organisez la suite des opérations de manière à éviter de vous agenouiller sur les carreaux posés. Ne vous agenouillez pas et ne marchez pas sur ceux-ci avant que la période de séchage recommandée ne soit écoulée.

Outils et matériel :

Truelle à encoches carrées de ¼ po, maillet en caoutchouc, coupe-carreaux, pince coupante, coupe-carreaux à main, pince à bec effilé, aplanissoir à coulis, éponge à coulis, chiffon doux, petit pinceau, mortier à prise rapide, carreaux, séparateurs de carreaux, coulis, additif au latex pour coulis, adhésif mural, bois scié de 2 po x 4 po, produit de scellement pour coulis, pâte à calfeutrer pour carreaux.

Comment installer des carreaux de céramique

1 Assurez-vous que le sous-plancher est lisse, de niveau et stable. Étalez sur le sous-plancher la quantité de mortier à prise rapide correspondant à l'installation d'un panneau de ciment. Placez le panneau sur le mortier en conservant un espace vide de ¼ po le long des murs. Fixez le panneau en place à l'aide de vis à panneaux de ciment de 1 ¼ po. Placez du ruban à plaques de plâtre en fibre de verre maillée sur les joints. Recouvrez le reste du plancher en suivant les étapes décrites à la page 60.

2 Tracez les lignes de référence et établissez le schéma d'agencement des carreaux (voir p. 135-136). Préparez un lot de mortier à prise rapide et, à l'aide d'une truelle à encoches carrées de ¼ po, étendez uniformément le mortier le long des lignes d'installation d'un quadrant. Créez des sillons dans le mortier au moyen du bord denté de la truelle.

3 Placez le premier carreau dans le coin du quadrant, à l'intersection des lignes d'installation. Si le carreau a 8 po de côté ou plus, faites-le osciller légèrement autour de son axe en le pressant dans le mortier, pour lui donner sa position finale.

4 À l'aide d'un maillet souple en caoutchouc, martelez légèrement la partie centrale de chaque carreau pour l'enfoncer uniformément dans le mortier.

Variante: Si vous installez des carreaux plus grands ou de la pierre inégale, utilisez une plus grande truelle à encoches d'au moins ½ po de profondeur.

Variante: Si vous installez des feuilles de carreaux mosaïques, utilisez une truelle à encoches en V de ³⁄₁₆ po pour étendre le mortier, et un aplanissoir à coulis pour enfoncer les feuilles dans le mortier. Appuyez légèrement pour éviter de produire une surface inégale.

Suite à la page suivante

Comment installer des carreaux de céramique (suite)

5 Placez des séparateurs en plastique aux coins du carreau pour garder un écartement constant entre les carreaux. Dans le cas de feuilles de carreaux mosaïques, placez entre elles des séparateurs dont la dimension correspond à l'écartement des carreaux de la feuille.

6 Placez les carreaux adjacents le long des lignes d'installation et pressez-les dans le mortier. Assurez-vous qu'ils appuient bien contre les séparateurs.

7 Pour qu'ils soient tous au même niveau, posez un morceau plat de bois scié de 2 po x 4 po sur plusieurs carreaux à la fois et martelez-le avec un maillet en caoutchouc.

8 Posez les carreaux sur le reste de la surface couverte de mortier. Répétez les étapes 2 à 7, en travaillant toujours par petites sections, jusqu'à ce que vous atteigniez les murs ou des obstacles.

9 Prenez les mesures nécessaires et tracez la ligne de coupe sur chaque carreau que vous allez poser le long des murs ou dans les coins (voir p. 137-38). Coupez les carreaux le long des lignes de coupe. Appliquez une couche de mortier à prise rapide directement au dos des carreaux coupés, plutôt que sur le plancher, en vous servant du bord dentelé de la truelle pour tracer des sillons dans le mortier.

10 Posez les carreaux coupés à leur place. Appuyez sur chaque carreau jusqu'à ce qu'il affleure les carreaux adjacents.

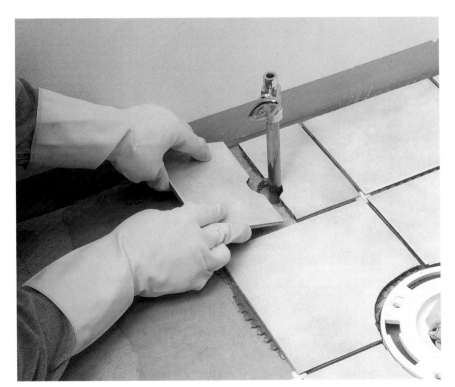

11 Prenez les mesures nécessaires, rayez, coupez et installez les carreaux qui doivent entourer ou contourner des obstacles tels que les tuyaux ou les drains de toilette.

12 À l'aide d'une pince à bec effilé, ôtez les séparateurs avant que le mortier ne durcisse.

Suite à la page suivante

13 Appliquez du mortier et installez les carreaux dans les autres quadrants, en remplissant ceux-ci un par un. Inspectez les joints entre les carreaux et utilisez un couteau universel ou un couteau à coulis pour faire disparaître les aspérités de mortier qui risqueraient de transparaître à travers le coulis.

14 Installez le seuil de chaque entrée de porte. Si le seuil est trop long pour l'entrée de porte, coupez-le à la bonne longueur au moyen d'une scie sauteuse ou d'une scie circulaire, munies d'une lame en carbure de tungstène. Enfoncez le seuil dans une couche de mortier à prise rapide, de manière qu'il affleure les carreaux. Conservez le même espace entre le seuil et les carreaux qu'entre les carreaux eux-mêmes. Laissez sécher le mortier pendant au moins 24 heures.

15 Préparez un peu de coulis à plancher pour remplir les joints entre les carreaux. Si vous préparez un coulis pour des carreaux poreux, comme la pierre de carrière ou la pierre naturelle, utilisez un additif contenant un agent anticollant, afin que le coulis n'adhère pas à la surface des carreaux.

16 Commencez dans un coin, en versant le coulis sur un carreau. À l'aide d'un aplanissoir en caoutchouc, étalez le coulis vers l'extérieur, en appuyant fermement sur l'aplanissoir pour remplir tous les joints et en vous éloignant du coin. Pour obtenir de meilleurs résultats, inclinez l'aplanissoir à 60° par rapport au plancher et effectuez des mouvements en forme de huit.

17 Enlevez l'excédent de coulis de la surface, au moyen de l'aplanissoir. Frottez les joints en diagonale, en tenant l'aplanissoir presque verticalement. Continuez d'appliquer du coulis et d'enlever l'excédent jusqu'à ce que les joints d'environ 25 pi^2 de la surface du plancher soient remplis de coulis.

18 Passez une éponge humide sur les carreaux, en diagonale, pour ôter l'excédent de coulis, et progressez de 2 pi^2 à la fois. Rincez l'éponge entre les passages. Ne passez qu'une fois sur chaque surface, pour éviter d'enlever le coulis des joints. Répétez les étapes 15 à 18 pour appliquer du coulis sur le reste du plancher.

19 Laissez sécher le coulis pendant quatre heures environ, puis essuyez la surface avec un linge doux et sec pour enlever le mince film de coulis qui peut subsister.

Suite à la page suivante

Comment installer des carreaux de céramique (suite)

20 Appliquez, sur tous les joints, un produit de scellement pour coulis, à l'aide d'un petit pinceau en mousse ou d'une brosse de pouce. Évitez de déposer du produit sur les carreaux et essuyez immédiatement tout excédent de produit de scellement.

Variante : Utilisez un produit de scellement pour imperméabiliser les carreaux poreux comme les carreaux en pierre de carrière ou les carreaux non vernissés. Suivez les instructions du fabricant et, à l'aide d'un rouleau à peindre à manche-rallonge, recouvrez les carreaux et les joints de coulis d'une mince couche du produit.

Comment installer des carreaux de garniture

1 Placez les carreaux de garniture de manière à déterminer leur écartement (les lignes de coulis des carreaux de garniture ne coïncident pas nécessairement avec celles des carreaux du plancher). Aux coins extérieurs, utilisez des carreaux à bords arrondis et tracez les lignes de coupe nécessaires sur les carreaux de garniture.

2 Laissez un espace vide de ⅛ po entre les carreaux, dans les coins, pour la dilatation des carreaux, et tracez le contour des encoches à tailler pour pouvoir ajuster les carreaux aux endroits où les bords se rencontrent. Utilisez une scie sauteuse munie d'une lame au carbure de tungstène pour chantourner les carreaux.

3 Commencez l'installation des carreaux de garniture dans un coin intérieur. À l'aide d'une truelle dentelée, appliquez de l'adhésif murs-carreaux au dos de chaque carreau. Glissez des séparateurs de ⅛ po sous les carreaux afin de laisser un joint de dilatation à cet endroit.

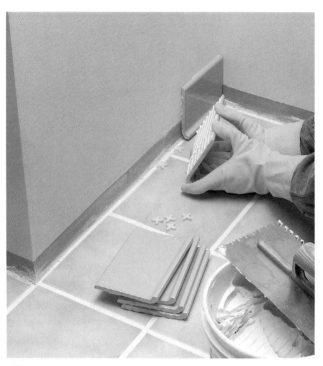

4 Posez les carreaux en les appuyant fermement contre le mur et en les espaçant de ⅛ po grâce à des séparateurs; posez-les sur d'autres séparateurs de ⅛ po afin de laisser un joint de dilatation de ⅛ po entre les carreaux de garniture et ceux du plancher.

carreau à double bord, arrondi

5 Aux coins extérieurs, placez un carreau à double bord qui est arrondi d'un côté, pour cacher le bord du carreau adjacent.

6 Après avoir laissé sécher l'adhésif, déposez du coulis dans les joints verticaux séparant les carreaux, et le long des bords supérieurs des carreaux, en formant une ligne continue. Et après avoir laissé sécher le coulis, remplissez de pâte à calfeutrer à base de silicone le joint de dilatation laissé à la base des carreaux.

Le motif en diagonale est facile à réaliser une fois qu'on a tracé les lignes d'installation faisant un angle de 45° avec les lignes de référence initiales. L'installation des carreaux ressemble alors à celle des carreaux carrés ordinaires, exception faite pour les garnitures, qu'il faut couper en diagonale.

Techniques avancées de pose des carreaux

Les bricoleurs sûrs de leur coup, qui ont eu l'occasion de se familiariser avec les techniques de base de la pose de carreaux doivent se sentir prêts à entreprendre un projet d'installation plus difficile que l'installation d'un carrelage standard. La réalisation des installations décrites aux pages suivantes demande généralement plus de temps que dans le cas d'un carrelage normal, mais l'effet obtenu en vaut la peine.

En faisant tourner l'agencement de 45°, on obtient un résultat saisissant, comme le montre la photo ci-dessus. On peut aussi rendre un plancher plus attrayant en décalant les joints des rangées de carreaux adjacentes pour créer un motif en panneresse – technique empruntée à la

maçonnerie – comme le projet décrit à la page 159. Une troisième méthode, décrite à la page 160, consiste à utiliser des carreaux hexagonaux pour créer un effet particulier. Et dans le dernier projet, celui de la page 161, on installe une bordure de carreaux et on combine plusieurs techniques pour donner l'illusion d'un élégant tapis.

Dans les projets avancés de carrelage, montrés dans cette section, on présume que les bricoleurs connaissent les bases de l'installation des carreaux et on s'est donc spécialement attaché à décrire les questions d'agencement propres aux formes de carreaux utilisées et aux effets recherchés.

Installation de bordures de planchers

Les bordures rendent n'importe quel plancher plus attrayant. Elles peuvent soit diviser un plancher en sections, soit mettre en valeur une partie de celui-ci, par des carreaux mosaïques par exemple. Vous pouvez également créer un motif à l'intérieur de la bordure en faisant simplement pivoter les carreaux de 45° ou en installant des carreaux décoratifs. Les motifs à bordures devraient couvrir une surface qui ait entre le quart et la moitié de la surface totale du plancher. Si le motif est trop petit, il aura l'air perdu au milieu du plancher. S'il est trop grand, il paraîtra démesuré.

Vous devez déterminer la dimension et l'emplacement de la bordure sur une feuille de papier et reporter les mesures sur le plancher. Vous devez en outre poser les carreaux de la bordure et du plancher, sans les fixer, pour vous assurer que l'agencement que vous envisagez est harmonieux.

L'installation des carreaux se fait en trois étapes. Commencez par poser la bordure, puis posez les carreaux à l'extérieur de celle-ci et terminez en posant les carreaux à l'intérieur de la bordure.

Photo : courtoisie de Crossville Porcelain Stone/USA

Une bordure accroche le regard et apporte un élément décoratif au plancher. En ajoutant une bordure et en utilisant des carreaux de plusieurs couleurs à l'intérieur de la bordure, on a donné de la vie au plancher ci-dessus.

Comment agencer les bordures

1 Mesurez la longueur et la largeur de la pièce dans laquelle vous comptez installer la bordure.

2 Reportez les mesures sur une feuille de papier en traçant un dessin, à l'échelle, de la pièce. Dessinez l'emplacement des armoires, des portes et des meubles qui se trouveront dans la pièce.

Suite à la page suivante

Comment agencer les bordures (suite)

3 Choisissez les dimensions de la bordure. Celle-ci doit couvrir une surface qui ait entre le quart et la moitié de la surface totale de la pièce. Dessinez-la sur du papier calque, à la même échelle que celle du schéma de la pièce.

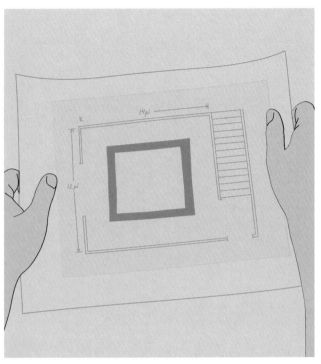

4 Placez le papier calque de la bordure sur le dessin de la pièce. Déplacez-le afin de déterminer son meilleur emplacement. Fixez le calque sur le dessin à l'aide de ruban adhésif. Tracez des lignes perpendiculaires passant par le centre de la bordure et mesurez les distances du centre à la bordure.

5 Reportez les mesures du calque de la bordure sur le plancher, en commençant par les lignes centrales. Tracez des lignes à l'aide d'un cordeau traceur pour indiquer l'emplacement de la bordure.

6 Placez les carreaux de la bordure le long des lignes de référence, sans adhésif. Faites de même avec les autres carreaux du plancher, le long des lignes centrales, à l'intérieur et à l'extérieur de la bordure et faites les ajustements nécessaires.

Comment poser un motif de carreaux en panneresse

1 Commencez par poser des carreaux en panneresse, sans adhésif, afin d'établir les lignes de référence. Posez quelques carreaux côte à côte, avec des séparateurs. Mesurez la largeur totale de la section (A). Utilisez cette mesure pour tracer une série de lignes parallèles qui vous aideront à maintenir les carreaux alignés pendant l'installation. Les agencements en panneresse produisent le plus d'effet si les carreaux sont rectangulaires.

2 Commencez à l'intersection de deux lignes d'installation en étalant du mortier à prise rapide et en posant une première rangée de carreaux. Décalez la rangée suivante d'une demi-longueur de carreau plus une demi-épaisseur de joint de coulis. Pour installer des carreaux qui dépassent la couche de mortier, appliquez directement le mortier à l'envers du carreau.

3 Continuez de poser les carreaux en remplissant les quadrants un à un. Utilisez les lignes de référence parallèles pour garder les rangées droites. Essuyez immédiatement le mortier qui est tombé sur les carreaux. Le travail terminé, laissez sécher le mortier, remplissez les joints de coulis et nettoyez les carreaux (voir p. 152 à 154).

Comment poser des carreaux hexagonaux

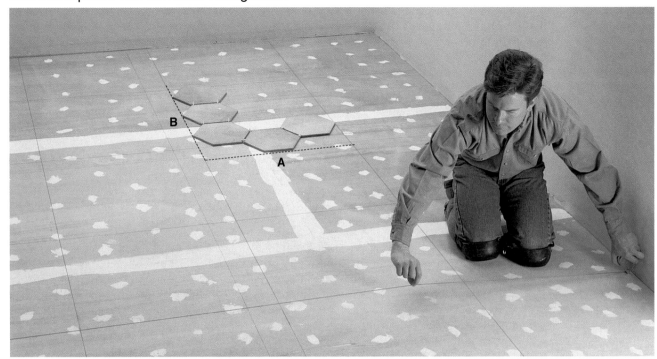

1 Tracez des lignes de référence perpendiculaires sur la sous-couche. Placez trois ou quatre carreaux dans chaque direction, le long des lignes d'installation. Placez des séparateurs en plastique entre les carreaux pour les espacer uniformément. Mesurez la longueur de cet agencement dans les deux directions (A et B). Utilisez la mesure A pour tracer une série de lignes parallèles équidistantes, à travers tout le plancher, et répétez l'opération avec la mesure B dans l'autre direction.

2 Appliquez du mortier à prise rapide et commencez à poser les carreaux comme s'il s'agissait de carreaux carrés (p. 148 à 152). Pour installer des carreaux qui dépassent la couche de mortier, appliquez directement le mortier à l'envers du carreau.

3 Continuez de poser les carreaux suivant la grille d'agencement et en utilisant des séparateurs pour les maintenir alignés. Essuyez le mortier qui tombe sur la surface des carreaux. Le travail terminé, laissez sécher le mortier et remplissez les joints de coulis (p. 152 à 154).

Comment poser un motif en diagonale à l'intérieur d'une bordure rectangulaire

1 Suivez les étapes 1 à 6 des pages 157 et 158 pour déterminer l'emplacement de la bordure dans la pièce. Placez les carreaux de bordure et les séparateurs dans la région prévue. Vérifiez l'alignement des carreaux de bordure sur les lignes de référence. Placez des carreaux sans adhésif aux coins extérieurs de la bordure. Si nécessaire, ajustez l'emplacement des carreaux pour obtenir un agencement nécessitant le moins de coupes possible. Une fois établi l'agencement des carreaux, tracez des lignes le long des carreaux de bordure et le long des bords des carreaux extérieurs. Posez les carreaux de bordure.

2 Tracez les diagonales d'installation faisant un angle de 45° avec les lignes de référence perpendiculaires.

3 Appliquez les techniques de pose standard des carreaux pour installer les carreaux à l'intérieur de la bordure. Si vous devez travailler dans un endroit carrelé qui n'a pas eu le temps de sécher toute une nuit, agenouillez-vous sur une grande planche pour mieux distribuer votre poids.

Planchers extérieurs

L'usage des planchers n'est pas limité à l'intérieur des maisons. Ceux-ci constituent sans doute l'élément le plus important de l'aménagement paysager de la maison extérieure. Le plancher extérieur sert de décor au reste du jardin et c'est lui qui donne le ton. Le choix judicieux du plancher peut transformer la maison extérieure en une série de lieux de séjour agréables.

De par leur fonction, les planchers extérieurs doivent résister à un usage intensif et aux intempéries. Choisissez soigneusement les matériaux de vos planchers en tenant compte du style et de l'utilité de l'endroit ainsi que du climat qui règne dans votre région.

La brique, la pierre, le béton, le bois et le gravier, utilisés seuls ou combinés, peuvent créer des planchers extérieurs attrayants et durables. Essayez de reprendre les matériaux utilisés ailleurs dans l'aménagement paysager ou dans celui de la maison. Par exemple, si votre jardin est entouré d'une belle clôture en bois, utilisez le même bois pour construire la terrasse. Ou si la façade en briques de votre maison a un caractère particulier, réutilisez ce matériau dans la construction d'un patio ou d'une allée.

La réussite d'un projet de revêtement de sol extérieur dépend de la qualité de construction de l'assise, car c'est elle qui, en protégeant le revêtement contre les

La disposition circulaire du plancher en pierres, à gauche, se marie parfaitement aux pierres de l'allée et à celles du muret pour créer un espace extérieur tranquille. La pose en diagonale des carreaux donne au plancher ci-dessus une note classique qui rehausse l'allure de la terrasse.

L'allée en pavés souligne le caractère ancien de ce domaine et transporte les visiteurs dans le passé.

dégradations dues au temps et contre les dommages dus aux conditions climatiques, conditionne la durée de vie de l'ouvrage.

L'installation des planchers extérieurs exige la même préparation et le même souci du détail que l'installation de n'importe quel autre plancher. Contrairement aux planchers intérieurs, les planchers extérieurs ne sont pas circonscrits par les murs d'une pièce, et il faut donc les délimiter au moyen de cordeau de maçon tendu entre des

piquets, en s'assurant que les coins forment des angles droits. Le travail de préparation consistera à enlever, dans la zone délimitée, une couche de terre suffisante pour que la surface de l'assise soit parfaitement horizontale.

Avant d'utiliser de la pierre, des carreaux ou de l'adhésif pour installer le plancher extérieur, vérifiez auprès du fabricant si ces produits peuvent être utilisés à l'extérieur, ce qui n'est pas toujours le cas.

Pour les planchers extérieurs, on utilise différentes sortes de carreaux en les harmonisant au style particulier de chaque maison. Les planchers des deux photos supérieures ont un motif uniforme, tandis qu'on a ajouté des bordures aux planchers des photos inférieures et on en a varié l'agencement, ce qui les rend plus attrayants.

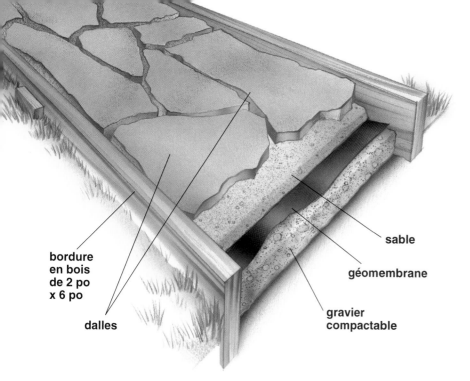

bordure
en bois
de 2 po
x 6 po

dalles

sable

géomembrane

gravier
compactable

Allée en dalles naturelles

La dalle naturelle est le matériau idéal pour construire des revêtements de sol extérieurs. Elle est attrayante et durable, et elle se mêle parfaitement à tous les styles d'aménagement, austères ou non. On construit souvent les ouvrages en dalles liaisonnées au mortier, mais on peut également poser les pierres dans du sable : cette méthode est plus rapide et plus pratique.

Une variété de roches sédimentaires, plates et minces peuvent servir à réaliser ces ouvrages. Les maisonneries et les centres de jardinage vendent généralement plusieurs sortes de dalles, mais les fournisseurs de pierres ont souvent un plus grand choix. Lorsque vous choisissez des dalles pour réaliser un projet, choisissez-en de différentes tailles. L'assemblage des dalles d'une allée ressemble à l'assemblage des pièces d'un puzzle. Lorsque vous êtes prêt à commencer les travaux, triez les dalles selon leur taille et étalez-les pour pouvoir toutes les voir.

Outils et matériel :

Maillet en caoutchouc, perceuse, cordeau de maçon, piquets, mètre à ruban, pelle de jardin, coupe-bordure, tuyau d'arrosage, fouloir manuel, scie circulaire munie d'une lame de maçonnerie, gravier compactable, géomembrane, sable, morceau de bois traité sous pression de 2 po x 6 po, dalles.

Comment construire un plancher en dalles naturelles

1 Délimitez l'emplacement au moyen de piquets et de cordeaux, et mesurez les diagonales pour vous assurer que les côtés sont perpendiculaires. Creusez le sol, à l'emplacement du futur plancher, jusqu'à une profondeur supérieure de 2 po à l'épaisseur combinée des dalles et de la base de gravier compactable, et jusqu'à 3 po en dehors des cordeaux. Installez une bordure en bois traité sous pression, de 2 po x 6 po, le long du périmètre de l'emplacement, sous les cordeaux. Enfoncez des piquets à l'extérieur de la bordure, en les espaçant de 12 po. Les sommets des piquets doivent arriver sous le niveau du sol. Fixez la bordure aux piquets à l'aide de vis galvanisées.

2 Faites des essais de pose pour trouver la meilleure disposition des dalles et l'agencement qui nécessitera le moins de tailles. Laissez, entre les dalles, des espaces allant de ⅜ po à 2 po. À l'aide d'un crayon, marquez les dalles en vue de la taille ; enlevez-les ensuite et placez-les à côté de l'emplacement, dans le même ordre. À l'aide d'une scie circulaire dont la profondeur de coupe est réglée à ⅛ po, entaillez les dalles le long des lignes de coupe. À l'aide d'un ciseau de maçon et d'un marteau, frappez la dalle le long de l'entaille jusqu'à ce qu'elle casse.

3 Posez des bandes de géomembrane sur l'assise, en les faisant chevaucher sur 6 po. Déposez, sur la géomembrane, une couche de sable de 2 po. Fabriquez une planche à araser le sable en encochant les extrémités d'un court morceau de bois scié de 2 po x 6 po de manière que la partie non entaillée de la planche s'insère entre les côtés de la bordure. La profondeur des encoches doit être égale à l'épaisseur des dalles. Égalisez l'assise en faisant glisser le morceau de 2 po x 6 po sur les bordures de l'allée, d'une extrémité à l'autre.

4 En commençant dans un coin de l'allée, posez les pierres sur la base de sable. Reproduisez l'agencement créé à l'étape 1, en laissant entre les pierres un espace de ⅜ po minimum, et de 2 po maximum. Enlevez ou rajoutez du sable si nécessaire, et enfoncez les pierres dans le sable à l'aide d'un maillet en caoutchouc.

5 Remplissez de sable les espaces entre les pierres. Damez le sable dans les espaces et aspergez légèrement d'eau toute l'allée pour tasser le sable. Répétez l'opération jusqu'à ce que les espaces soient complètement remplis de sable.

Variante : En utilisant la même technique pour agencer et poser les dalles, vous pouvez facilement construire un patio en dalles.

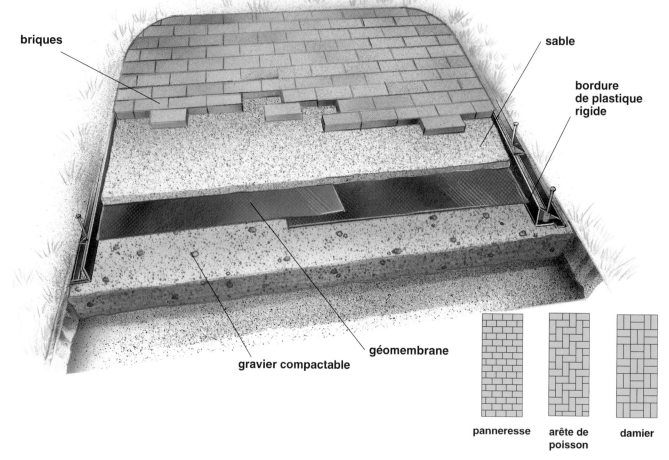

briques

sable

bordure de plastique rigide

géomembrane

gravier compactable

panneresse

arête de poisson

damier

Plancher en briques

Les briques sont polyvalentes et elles sont durables, ce qui en fait un matériau de choix pour le revêtement des allées et des patios. Elles ont de la classe et décorent agréablement un jardin paysager. Comme on trouve les briques dans une grande variété de formes, de modèles et de couleurs, on peut les intégrer harmonieusement à n'importe quel paysage. Il vaut mieux choisir des briques de béton plutôt que les traditionnelles briques d'argile, car elles sont munies d'intercalaires qui facilitent leur installation.

Le moyen le plus simple de construire un patio ou une allée en briques consiste à poser les briques dans le sable. Elles reposent alors sur une couche de sable de 1 po, étalée sur une assise. On les agence ensuite et on remplit les joints de sable fortement damé. Le sable garde les briques en place, tout en leur permettant de bouger si le sol se contracte ou se dilate sous l'effet des variations de température.

Outils et matériel :

Maillet en caoutchouc, niveau, piquets, cordeau de maçon, mètre à ruban, pelle de jardin, râteau, coupe-bordure, tuyau d'arrosage, balai, fouloir manuel, scie circulaire munie d'une lame de maçonnerie, couteau universel, géomembrane, sable, tuyau de 1 po de diamètre, piquets galvanisés, briques, gravier compactable, morceau de bois de 2 po x 4 po, compacteur mécanique, bordure de plastique rigide.

Comment construire un plancher de briques

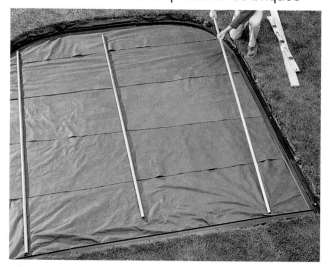

1 Délimitez l'endroit avec des piquets et des cordeaux. Creusez le sol à l'emplacement du futur plancher jusqu'à une profondeur supérieure de 1 po à l'épaisseur combinée des briques et de la base de gravier compactable. Coupez des bandes de géomembrane et posez-les sur la base, en veillant à ce que les bandes chevauchent sur au moins 6 po.

Installez une bordure de plastique rigide le long du périmètre du patio, sous les cordeaux de référence. Ancrez la bordure à l'aide de piquets galvanisés, enfoncés dans les trous forés en usine et dans la base. Pour les coins arrondis, utilisez une bordure de plastique rigide dont la bride extérieure est munie d'encoches. Enlevez les cordeaux de référence et posez des tuyaux de 1 po de diamètre sur la géomembrane, tous les 6 pi : ils serviront de repères lorsque vous mesurerez l'épaisseur de la couche de sable que vous étalez.

2 Déposez une couche de sable de 1 po sur la géomembrane et égalisez-la au moyen d'un râteau. Le sable doit à peine recouvrir les repères. Aspergez généreusement d'eau le sable et tassez-le légèrement avec un fouloir manuel. Arasez le sable en faisant glisser un long morceau de bois scié de 2 po x 4 po sur les repères d'épaisseur recouverts de sable, tout en le faisant osciller d'un côté à l'autre. Ajoutez du sable pour remplir les traces de pas et les creux, puis aspergez, damez et arasez de nouveau le sable jusqu'à ce qu'il soit lisse et fermement tassé. Enlevez les repères qui ont été plantés dans le sable et remplissez de sable les rainures qu'ils laissent ; tassez le sable avec un fouloir manuel.

3 Posez la première brique dans un coin. Poussez-la bien contre la bordure de plastique rigide. Posez la deuxième brique contre la première. Enfoncez les briques dans le sable au moyen d'un maillet en caoutchouc. Servez-vous de la profondeur de la première brique comme repère pour installer les autres, en procédant par section de 2 pi de large. Après avoir installé une section de briques, utilisez un long niveau pour vérifier si la surface formée par les briques est plane. Faites les ajustements nécessaires en enfonçant plus profondément les briques qui dépassent ou en enlevant les briques trop enfoncées pour ajouter une mince couche de sable sous celles-ci.

4 Continuez d'installer les briques de bordure et les briques intérieures dans des sections de 2 pi de large. Dans les coins arrondis, installez les briques en éventail, en maintenant constant l'espace qui les sépare. Dans les courbes peu prononcées, vous pouvez installer des briques entières, mais dans les courbes prononcées, vous devez marquer les briques de bordure et les tailler en biseau pour pouvoir les installer. Utilisez une scie circulaire munie d'une lame de maçonnerie pour tailler les briques. Posez les briques intérieures restantes. À l'aide d'un long morceau de bois scié de 2 po x 4 po, vérifiez la planéité de la surface du patio. Enfoncez les briques qui dépassent au moyen d'un maillet ou enlevez les briques trop enfoncées et ajoutez une mince couche de sable en dessous de celles-ci.

5 Étalez une couche de ½ po de sable sur toute la surface du plancher. Avec un pilon mécanique, damez la surface et tassez le sable dans les joints. Balayez le sable sur la surface et aspergez généreusement d'eau le plancher pour que le sable se tasse dans les joints. Laissez sécher complètement la surface. Si nécessaire, étalez de nouveau du sable sur la surface du plancher et damez-le, jusqu'à ce que les espaces entre les briques soient remplis de sable fermement compacté.

Moquette

La moquette est un des revêtements de sol les plus demandés et les plus variés offerts sur le marché. On en trouve dans l'une ou l'autre pièce de la plupart des maisons. Leurs gammes de couleurs, de styles et de motifs sont illimitées, et on peut même en faire fabriquer sur commande suivant le modèle de son choix. La moquette est souvent fabriquée en nylon, mais les moquettes en fibre acrylique et en fibre de polyester se vendent de plus en plus ; et la moquette en laine, plus austère et plus chère, n'est pas pour autant abandonnée.

Ce qui attire, dans la moquette, c'est principalement la douceur de sa texture. On marche dessus avec plaisir – en particulier lorsqu'on est nu-pieds, car elle est douce et chaude au toucher, et elle est particulièrement confortable dans la salle de jeux des enfants. Comme on la pose toujours sur une thibaude qui en augmente l'épaisseur, la moquette diminue « la fatigue du plancher ».

La moquette amortit plus le bruit que la plupart des autres revêtements de sol, ce qui rend les pièces plus silencieuses. Elle sert également d'isolant naturel et diminue la perte de chaleur à travers le plancher. La moquette contribue donc à augmenter la valeur « R » de résistance thermique d'une pièce.

Sur le plan de la conception universelle, la moquette offre plusieurs avantages. Sa surface antidérapante diminue le risque de chute, un point important lorsque quelqu'un dans la maison se déplace difficilement. Et, contrairement aux planchers durs, la moquette ne reflète pas la lumière, ce qui convient mieux aux personnes dont la vue est affaiblie.

La chaleur et le confort de la moquette en ont fait le choix idéal pour le salon, ci-contre, et la chambre à coucher, ci-dessus. Dans le salon, elle invite à la détente, tandis que dans la chambre à coucher, son motif répétitif mais discret a un chic incontestable.

L'installation de la moquette diffère nettement de l'installation des autres revêtements de sol. On ne touche pas aux plinthes et on ajuste la moquette contre les moulures au lieu d'enlever celles-ci et de les replacer sur la moquette. L'installation de la moquette ne requiert aucune préparation particulière du sous-plancher et elle n'exige ni lignes de référence ni temps de séchage.

Néanmoins, l'installation d'une moquette prend un certain temps. Il faut soigneusement planifier l'opération, car la surface de la moquette doit paraître ininterrompue. Comme il est rare que l'on puisse couvrir tout le plancher à l'aide d'une seule pièce de moquette, l'ensemble du revêtement présentera au moins un joint. Avec un plan d'ensemble bien conçu, vous pourrez poser les morceaux de manière que les joints soient invisibles ou se trouvent dans des endroits où il y a peu de passage. Si la moquette que vous avez choisie présente un motif, vous devez ménager les joints de manière que le motif soit ininterrompu.

Dans la plupart des cas, il faut tendre la moquette à l'aide d'outils spéciaux, et progresser en suivant une séquence d'opérations soigneusement planifiée. Avant de commencer l'installation proprement dite, familiarisez-vous avec les différentes techniques de joints, apprenez à tendre la moquette et à la découper, en vous exerçant sur des morceaux non utilisés de contreplaqué. Vous exécuterez le travail de plus en plus facilement et rapidement à mesure que vous maîtriserez à la fois les outils spéciaux et les techniques d'installation.

Vous aurez besoin d'aide pour transporter les gros rouleaux de moquette, car ils sont parfois très lourds, et pour découper la moquette à la bonne longueur. Une fois la moquette grossièrement en place, vous pourrez facilement achever seul le travail. Si vous devez poser une moquette dans une pièce plus étroite que la largeur de la moquette, dans un vestibule par exemple, déroulez la moquette dans une grande pièce ou dans l'allée et coupez-la avant de la plier lâchement dans le sens de la longueur pour la transporter à l'endroit voulu.

Utilisez la thibaude recommandée par le fabricant de la moquette, qui n'est pas nécessairement celle que vous recevez gratuitement avec la moquette. Si vous remplacez une vieille moquette, remplacez également la thibaude. La vieille thibaude peut contenir de la moisissure et dégager des odeurs, et remplacer une thibaude ne coûte pas cher.

La moquette peut s'installer sur un autre revêtement de sol, même un revêtement en bois dur. Vous pouvez également l'installer sur du béton, pourvu que celui-ci soit parfaitement sec et que vous prévoyiez l'installation d'une membrane d'étanchéité. Le béton humide détruirait la moquette.

Veillez à commander du premier coup une quantité suffisante de moquette, pour qu'elle provienne entièrement d'un même lot de teinture. Si vous devez en racheter, même si vous le faites au même endroit et si elle provient du même fabricant, elle risque de présenter de légères différences de couleur.

Les étiquettes apposées au dos des échantillons vous indiquent habituellement la nature de la fibre, les largeurs de moquette offertes (normalement 12 et 15 pi), les traitements antitaches et les autres produits de finition à appliquer, ainsi que les détails de la garantie.

Estimation et achat d'une moquette

Choisir une moquette, c'est aussi choisir une couleur et un motif. La saleté et les taches paraissent plus facilement sur les teintes pâles et les nuances claires, mais celles-ci agrandissent une pièce en donnant une impression d'ouverture et d'espace. Les couleurs foncées et les motifs multicolores sont moins salissants et laissent moins paraître les traces d'usure, mais ils peuvent également rapetisser une pièce.

Le matériau de la moquette joue aussi un rôle important, car il détermine sa durabilité : pour les zones à fort passage, telles que les vestibules, choisissez une moquette en fibres de première qualité qui s'usera moins rapidement. Quant au mode de fabrication de la moquette – c'est-à-dire la manière dont les fibres sont attachées au dossier –, il influence son aspect et sa durabilité.

Votre choix peut également être influencé par la largeur de moquette offerte en magasin, car si la largeur d'un rouleau vous permet de couvrir toute la pièce, vous éviterez un joint. Mais, lorsque les joints sont inévitables, calculez la surface totale à couvrir et ajoutez 20 % à ce résultat pour les joints et les bordures.

Le type de moquette que vous choisissez déterminera le type de thibaude que vous utiliserez : vérifiez toujours les étiquettes des échantillons de moquette pour connaître les recommandations du fabricant à ce sujet. Les propriétés de la moquette et celles de la thibaude se combinent pour former un ensemble de revêtement de sol approprié ; il est donc essentiel de ne pas lésiner sur la thibaude. En plus de rendre votre moquette plus confortable au pied, la thibaude rend le plancher plus silencieux et plus chaud. Et une thibaude de première qualité prolongera la vie de votre moquette.

Conseils pour évaluer les moquettes

Type de fibres	Caractéristiques
Nylon	Facile à nettoyer, durable, résiste bien aux taches ; se décolore parfois sous l'effet de la lumière directe du soleil.
Polyester	Excellente résistance aux taches, très souple lorsque le poil est coupé long ; ne se décolore pas au soleil.
Oléfine	Ne se tache pas, ne se décolore pas ; résiste à l'humidité et ne se charge pas d'électricité statique ; ni aussi souple que le nylon ni aussi douce que le polyester.
Acrylique	Aspect et douceur au toucher semblables à ceux de la laine ; bonne résistance à l'humidité ; moins durable que les autres fibres synthétiques.
Laine	Fibre d'aspect riche et agréable au toucher ; bonne durabilité, chaude ; plus coûteuse et moins résistante aux taches que les fibres synthétiques.

Lorsque vous choisissez une moquette, considérez la composition de la fibre et choisissez les matériaux dont les caractéristiques répondent aux besoins de votre projet.

174

Production des moquettes

La surface supérieure d'une moquette, appelée *velours*, est constituée de boucles de fil poussées à travers un matériau de support. Les boucles sont soit laissées telles quelles, soit coupées par le fabricant, selon l'effet désiré. La plupart des moquettes vendues aujourd'hui sont fabriquées en fibres synthétiques telles que le nylon, le polyester et l'oléfine, même si la moquette en laine naturelle a toujours la cote.

Pour juger de la qualité d'une moquette, utilisez la règle empirique qui consiste à examiner la densité du velours. Une moquette qui comprend un grand nombre de fibres par unité de surface résistera mieux à l'écrasement, refoulera mieux les taches et la saleté, et sera plus durable qu'une moquette dont le velours est moins dense.

Dans la moquette à dos collé, un dossier en mousse est collé à la moquette, ce qui élimine le besoin d'utiliser une thibaude. Cette moquette est facile à installer puisqu'il ne faut ni la tendre ni l'attacher; on la fixe au plancher avec de l'adhésif tout usage, un peu comme s'il s'agissait de feuilles de vinyle à encollage complet. La moquette à dos collé coûte habituellement moins cher que la moquette traditionnelle, mais elle est généralement de moins bonne qualité.

La moquette à velours bouclé a un aspect texturé, ce qui est dû aux extrémités arrondies des boucles de fil non coupées qui ont été poussées à travers le dossier. La distribution des boucles est soit aléatoire, soit arrangée suivant un dessin déterminé, comme l'arête de poisson. La moquette à velours bouclé est idéale pour les zones à fort passage, car les boucles résistent à l'écrasement.

Parmi les velours de tous les types de moquettes, c'est **la moquette à velours coupé** qui a le velours le plus dense. Le velours est coupé de manière que la couleur soit pareille quelle que soit la direction dans laquelle on brosse les poils. Ce type de moquette convient bien aux séjours.

La moquette à velours coupé saxe, appelée aussi peluche, est fabriquée pour mieux résister à l'écrasement et au tassement que les autres moquettes. Le poil est coupé en biseau, ce qui donne à la moquette un aspect moucheté.

à dos collé

velours bouclé

velours coupé

velours coupé saxe

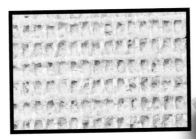

Examinez le dossier de la moquette, ou « trame ». Si la trame est serrée (à gauche), cela signifie généralement que la moquette sera plus durable et résistera mieux à la saleté que si la trame est plus lâche (à droite).

Conseils sur la planification et l'installation des moquettes

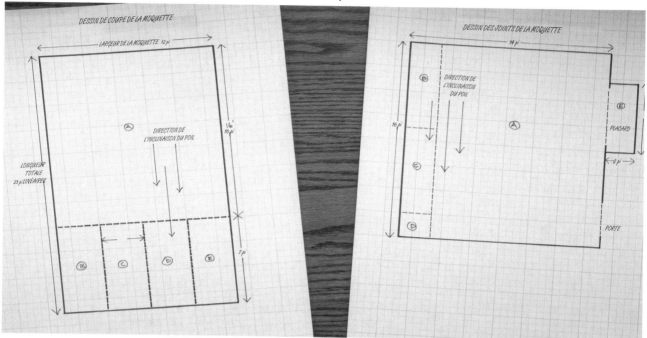

Faites deux dessins à l'échelle: un du rouleau de moquette du fabricant et un autre représentant le plancher à recouvrir. À l'aide de ces dessins, déterminez les coupes à réaliser et l'agencement des morceaux de moquette. Dans les grandes pièces, vous installerez plutôt un grand morceau de moquette de la largeur du rouleau et plusieurs morceaux plus petits, que vous joindrez au premier morceau. Tenez compte des conseils qui suivent lorsque vous concevez le plan d'ensemble ; souvenez-vous que les morceaux de moquette doivent être surdimensionnés pour que vous puissiez les joindre très précisément et découper soigneusement leurs bords. Une fois terminés, vos dessins vous indiqueront la longueur de moquette dont vous avez besoin.

Gardez le poil de tous les morceaux incliné dans la même direction. Le poil des moquettes est généralement incliné, ce qui en modifie l'aspect selon l'angle d'observation, à cause de la réflexion de la lumière par la surface. Placez les morceaux de manière que le poil des morceaux joints soit toujours incliné dans la même direction.

N'interrompez pas le motif lorsque vous joignez deux morceaux de moquettes. Comme il faut absolument respecter ce principe, l'installation des moquettes à motif produit toujours plus de déchets. Par exemple, si le motif d'une moquette se répète tous les 18 po, il faut prévoir 18 po de moquette supplémentaire pour que le motif ne soit pas interrompu au joint. Les échantillons de moquette indiquent les mesures à considérer pour que le motif se répète sans interruption.

Ajoutez 3 po à chaque bord de joint lorsque vous estimez la longueur de moquette dont vous aurez besoin. Cet ajout vous permettra de couper des bords droits aux joints.

Ajoutez 6 po à chacun des bords longeant un mur. Vous enlèverez cet excédent lorsque vous couperez la moquette aux dimensions exactes de la pièce.

Prévoyez un morceau de moquette séparé pour couvrir le plancher des placards et joignez-le à la moquette recouvrant le plancher de la pièce.

Pour estimer la dimension de moquette requise pour un escalier, additionnez les mesures des marches et des contremarches. Mesurez ensuite la largeur de l'escalier pour savoir combien de bandes vous devrez découper dans le rouleau fourni par le fabricant. Par exemple, si l'escalier a 3 pi de large, vous pourrez, en tenant compte des déchets, couper trois bandes dans un rouleau de 12 pi de large. Plutôt que de joindre les bandes de l'escalier bout à bout, prévoyez d'installer les bandes de manière qu'elles se rejoignent dans le fond des marches (voir p. 197). Mais, si c'est possible, recouvrez tout l'escalier au moyen d'une seule bande de moquette.

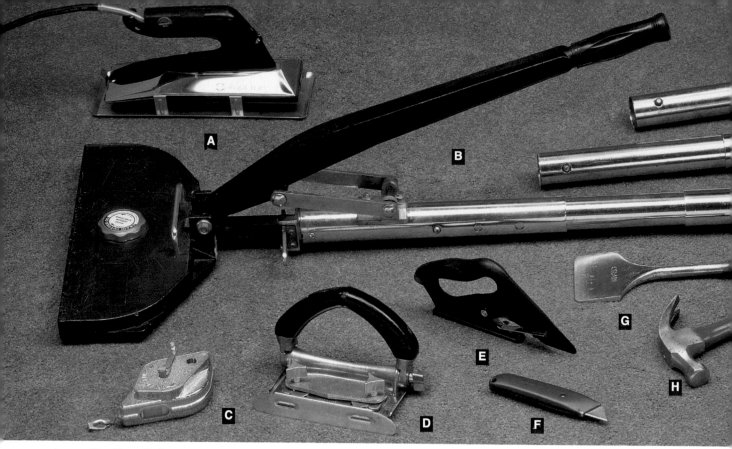

Les outils d'installation comprennent le fer à joints (A), le tendeur à levier et ses rallonges (B), le cordeau traceur (C), le rognoir (D), le couteau à suivre les rangs de la trame (E), le couteau universel (F), l'outil pour marche d'escalier (G), le marteau (H), le coup de genou (I), la cisaille type aviation (J), les ciseaux (K) et l'agrafeuse (L).

Outils et matériel d'installation des moquettes

Pour installer une moquette, vous avez besoin de certains outils spéciaux tels que le coup de genou et le tendeur à levier. Vous trouverez ces outils dans la plupart des centres de location et chez les marchands de moquette.

La thibaude est, après la moquette proprement dite, le matériau le plus important dans l'installation d'une moquette. Non seulement la thibaude rend la moquette plus confortable, mais elle contribue à réduire le bruit et à empêcher l'air chaud de s'échapper par le plancher, ce qui garde la moquette plus chaude.

En servant de doublure à la moquette, la thibaude ralentit l'usure de celle-ci dont elle prolonge la durée de vie. Assurez-vous d'acheter une thibaude de première qualité.

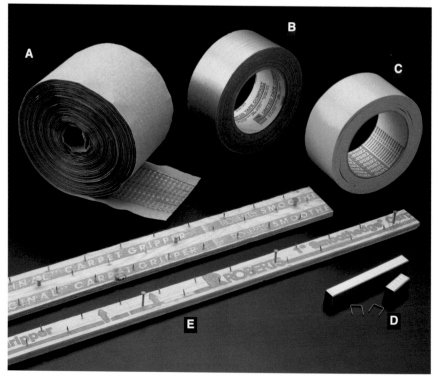

Le matériel d'installation comprend le ruban de joint à colle chaude (A), utilisé pour joindre les morceaux de moquette ; le ruban adhésif entoilé (B), utilisé pour joindre les morceaux de thibaude ; le ruban double face (C), utilisé pour attacher une thibaude à un plancher de béton ; les agrafes (D), qui permettent d'attacher la thibaude à la sous-couche ; les bandes à griffes (E), qui servent à retenir les bords de la moquette tendue.

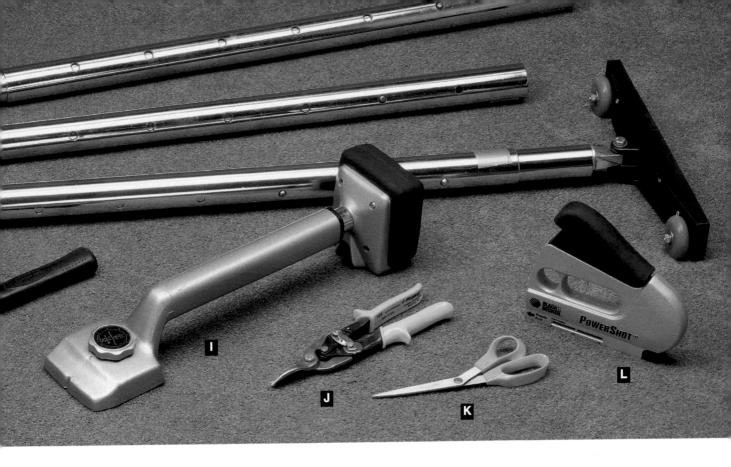

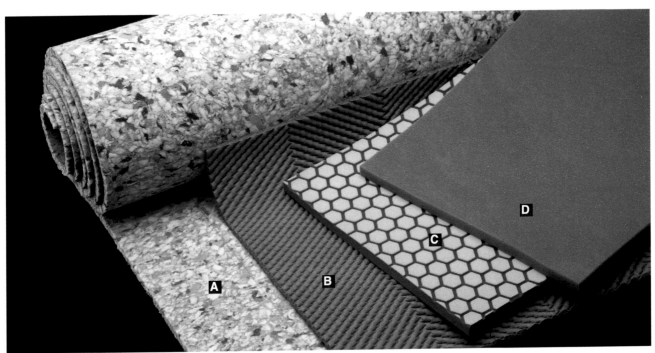

Différents matériaux entrent dans la fabrication des **thibaudes:** la mousse d'uréthane collée (A), le caoutchouc spongieux (B), la mousse dense greffée (C), l'uréthane dense (D). La thibaude en uréthane collée convient aux endroits à faible passage, l'uréthane dense et la mousse dense greffée conviennent mieux aux endroits à fort passage. En général, les moquettes en velours coupé, en velours bouclé et en velours bouclé à longs poils donnent de meilleurs résultats avec des thibaudes denses ou collées, en uréthane ou en caoutchouc, de moins de 7/16 po d'épaisseur. Pour les moquettes berbères et autres moquettes à dossier raide, utilisez une thibaude en mousse d'uréthane collée ou en caoutchouc spongieux de 3/8 po. La qualité des thibaudes en mousse dépend de leur densité: plus elles sont denses, meilleures elles sont; celle des thibaudes en caoutchouc dépend de leur poids: plus elles sont lourdes, meilleures elles sont.

Utilisation des outils d'installation des moquettes

Le coup de genou et le tendeur à levier sont les deux outils les plus importants dans l'installation d'une moquette. Ils servent à tendre une moquette avant de l'attacher aux bandes à griffes, installées le long des murs de la pièce.

Le tendeur à levier est l'outil le plus efficace des deux, et vous devriez l'utiliser pour tendre la plus grande partie possible de la moquette. Le coup de genou doit plutôt servir à tendre la moquette dans les endroits que vous ne pouvez atteindre avec le tendeur à levier, comme les placards.

Pour bien installer une moquette, il faut la tendre en suivant une séquence logique d'opérations. Commencez par attacher la moquette dans une entrée de porte ou dans un coin et, à l'aide du tendeur à levier et du coup de genou, tendez la moquette en vous éloignant de l'endroit où elle est attachée et en vous dirigeant vers les murs opposés.

Comment utiliser un coup de genou

vue en coupe pour la clarté

1 Le coup de genou (et le tendeur à levier) sont munis de dents qui agrippent la trame de la moquette pour la tendre. Réglez la profondeur des dents en tournant le bouton sur la tête du coup de genou. Les dents doivent s'enfoncer suffisamment pour agripper la trame sans pénétrer dans la thibaude.

2 Placez la tête du coup de genou à quelques pouces du mur pour éviter de déloger les bandes à griffes, et frappez fermement du genou le coussin de l'outil, pour tendre la moquette. Accrochez la moquette aux bandes à griffes pour la maintenir en place.

Comment utiliser un tendeur à levier

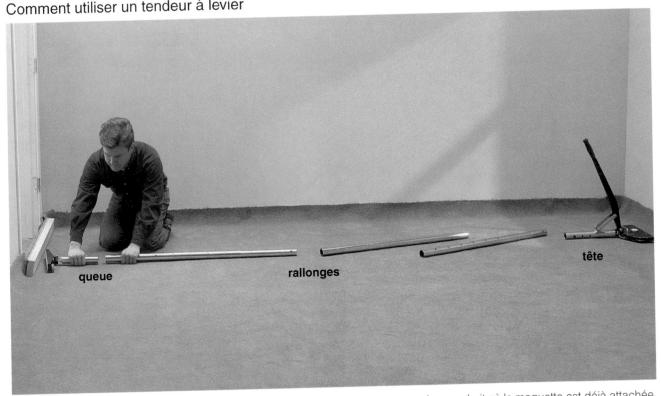

queue **rallonges** **tête**

1 Alignez les éléments du tendeur à levier sur le plancher, en plaçant la queue à un endroit où la moquette est déjà attachée, et la tête juste devant le mur opposé.

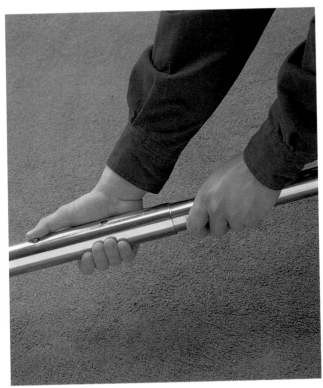

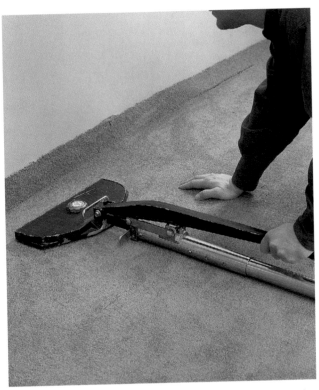

2 Assemblez les rallonges en les faisant coulisser de manière que la queue repose contre le mur ou le bloc de départ et que la tête se trouve à environ 5 po du mur opposé.

3 Réglez les dents de la tête de l'outil pour qu'elles agrippent la moquette (voir étape 1, page précédente). Pour tendre la moquette, abaissez le levier placé sur la tête de l'outil. Ce mouvement devrait faire avancer la moquette d'environ 2 po.

Installation des raccords de moquette

Les entrées de porte et autres endroits de raccordement demandent un traitement spécial lors de l'installation de la moquette. Le matériel et les techniques de raccordement sont nombreux et dépendent de la hauteur et de la nature du revêtement de sol de la surface voisine (voir photos, à gauche).

Pour raccorder une moquette à un plancher qui se trouve au même niveau que la base de la moquette, ou plus bas, fixez au plancher une latte de fixation de tapis en métal et attachez la moquette à l'intérieur de la latte. On utilise souvent ce raccord dans les endroits où la moquette rencontre un plancher en vinyle ou un plancher carrelé. On trouve les lattes de fixation de tapis dans des longueurs qui correspondent aux largeurs standard des portes ou en bandes plus longues.

Pour raccorder une moquette à un plancher qui est plus haut que la base de la moquette, utilisez des bandes à griffes, comme si le plancher voisin était un mur. On utilise fréquemment ce type de raccord dans les endroits où la moquette rencontre un plancher en bois dur.

Pour raccorder une moquette à une autre moquette de même hauteur, joignez les deux morceaux au moyen de ruban de joint à colle chaude.

Pour raccorder deux moquettes de hauteur et de texture différentes dans une entrée de porte, installez des bandes à griffes et un seuil de porte en bois dur. Les seuils sont vendus prêts à installer et ils sont munis de trous forés à l'avance pour recevoir des vis.

Outils et matériel :

Scie à métaux, marqueur, couteau universel, coup de genou, outil pour marche d'escalier, règle rectifiée, tournevis, matériaux de raccordement, bloc de bois.

latte de fixation de tapis, en métal

bande à griffes et coincement

ruban à joint à colle chaude

seuil en bois dur

Comment faire des raccords avec des lattes de fixation de tapis en métal

1 Mesurez une latte de fixation de tapis, coupez-la à la bonne longueur et clouez-la en place. Dans les entrées de porte, le côté plié vers le haut doit se trouver dans le plan axial de la porte lorsque celle-ci est fermée.

2 Déroulez, coupez et raccordez la moquette. Pliez-la à l'endroit du raccordement et marquez-la au crayon pour la couper : le bord de la moquette doit arriver à une distance de ⅛ po à ¼ po du bord plié de la latte, de manière qu'on puisse la tendre pour l'introduire dans le pli de métal.

3 À l'aide d'un coup de genou, tendez la moquette pour qu'elle s'engage bien dans le pli de la latte. Appuyez la moquette sur les pointes au moyen d'un outil pour marche d'escalier. Ensuite, repliez le bord de la latte sur la moquette, vers le bas, en frappant la latte à l'aide d'un marteau et d'un bloc de bois.

Comment faire des raccords avec des bandes à griffes

1 Installez une bande à griffes, en laissant entre elle et le plancher voisin un espace équivalant aux ⅔ de l'épaisseur de la moquette, pour pouvoir ajuster les bords. Déroulez, coupez et raccordez la moquette. Marquez les bords de la moquette, à ⅛ po environ au-delà du point où elle rencontre le plancher voisin.

2 À l'aide d'une règle rectifiée et d'un couteau universel, coupez l'excédent de moquette. Tendez la moquette vers la bande au moyen d'un coup de genou et enfoncez-la ensuite sur les griffes de la bande.

3 À l'aide d'un outil pour marche d'escalier, coincez le bord de la moquette dans l'interstice entre la bande à griffes et le plancher voisin.

Installation des thibaudes et des bandes à griffes

La méthode la plus facile pour attacher une moquette consiste à installer des bandes à griffes tout autour de la pièce et, une fois ces bandes installées, à dérouler la thibaude qui servira de support à la moquette.

Les bandes à griffes standard de ¾ po de large conviennent à l'installation de la plupart des moquettes. Pour les moquettes reposant sur du béton, utilisez des bandes à griffes plus larges, qui s'attachent à l'aide de clous de maçonnerie. Soyez prudent en manipulant les bandes à griffes, car leurs pointes acérées sont dangereuses. Aux endroits où la moquette rencontre une entrée de porte ou un autre type de revêtement de sol, installez les raccords appropriés (voir p. 182-183).

Outils et matériel :

Cisaille type aviation, couteau universel, marteau, agrafeuse, bandes à griffes, clous, thibaude, ruban entoilé.

Installation des bandes à griffes

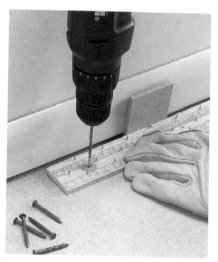

1 Commencez par clouer les bandes à griffes au plancher, dans un coin, en conservant entre les bandes et les murs un petit espace vide équivalant environ aux ⅔ de l'épaisseur de la moquette. Utilisez des séparateurs en contreplaqué. Les pointes inclinées des bandes à griffes doivent être dirigées vers les murs.

2 À l'aide d'une cisaille type aviation, coupez les bandes à griffes autour des radiateurs, des encadrements de portes et des autres obstacles.

Variante : Sur un plancher en béton, utilisez des bandes à griffes plus larges. Forez des avant-trous à travers les bandes, dans le plancher, avec un embout de maçonnerie, puis attachez les bandes en plantant des clous de maçonnerie cannelés de 1 ½ po.

Installation d'une thibaude

1 Déroulez suffisamment de thibaude pour recouvrir tout le plancher. Assurez-vous que les bandes sont bien jointives aux raccords. Si un côté de la thibaude est plus lisse que l'autre, placez-le vers le haut, il vous sera ainsi plus facile de faire glisser la moquette en place lors de l'installation.

2 À l'aide d'un couteau universel, coupez l'excédent de thibaude le long des bords. La thibaude doit toucher les bandes à griffes sans les recouvrir.

3 Collez les joints avec du ruban entoilé et agrafez ensuite la thibaude au plancher, tous les 12 po.

Variation : Pour fixer une thibaude à un plancher en béton, collez du ruban double face le long des bandes à griffes, le long des joints, et en « X » à travers le plancher.

Comment couper une moquette et faire les raccords

1 Placez le rouleau de moquette contre un mur, l'extrémité libre remontant d'environ 6 po sur le mur, et déroulez la moquette jusqu'à ce qu'elle atteigne le mur opposé.

2 Marquez un trait à chaque bord du dos de la moquette, environ 6 po plus loin que le point de contact de la moquette avec le mur opposé. Tirez sur la moquette pour l'écarter du mur, afin que les marques soient visibles.

Variante : Si vous voulez éviter de couper les boucles d'une moquette à velours bouclé, coupez la moquette placée à l'endroit, à l'aide d'un couteau à suivre les rangs de la trame. Commencez par plier la moquette le long de la ligne de coupe pour séparer les poils (photo de gauche) et pour former un sillon le long de cette ligne de séparation. Puis, placez la moquette à plat et coupez-la dans le poil, le long de la ligne de séparation (photo de droite). Progressez lentement pour que la coupe soit droite et nette.

3 Joignez les deux marques par une ligne tracée sur le dos de la moquette. Placez un morceau de contreplaqué non utilisé en dessous de la partie à couper, pour protéger le reste de la moquette et la thibaude lors de la coupe. Coupez la moquette le long de la ligne, en utilisant une règle rectifiée et un couteau universel.

4 Près des murs, relevez le bord de la moquette entre vos jambes et poussez la moquette du pied jusqu'à ce qu'elle remonte d'environ 6 po le long du mur et qu'elle lui soit parallèle.

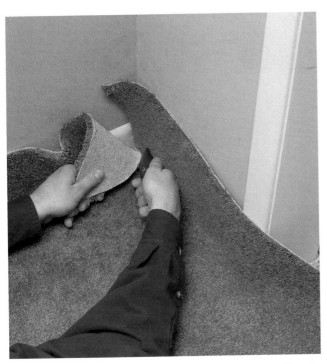

5 Dans les coins, éliminez les ondulations en entaillant la moquette en biais, avec un couteau universel, pour pouvoir l'aplatir. Prenez garde de couper dans la partie utile de la moquette.

6 Suivez votre plan de raccordement (voir p. 176) pour mesurer et couper les morceaux de moquette qui doivent compléter l'installation. N'oubliez pas de prévoir, pour chacun d'eux, un surplus de 6 po le long de chaque mur et de 3 po à chaque bord pour pouvoir les raccorder. Posez les morceaux à leur place en vous assurant que leur poil est toujours dirigé dans la même direction.

Suite à la page suivante

Comment couper une moquette et faire les raccords (suite)

7 Enroulez le grand morceau de moquette du côté qui sera raccordé et, à l'aide d'un cordeau traceur, tirez une ligne droite représentant le bord du raccord, à environ 2 po du bord du rouleau. Arrêtez la ligne à 18 po environ de chaque extrémité de la moquette, là où les murs la font onduler.

8 À l'aide d'une règle rectifiée et d'un couteau universel, coupez soigneusement la moquette le long de la ligne de craie. Pour terminer la coupe jusqu'aux bords de la moquette, repliez chaque bord suivant un angle suffisant pour que le bord repose à plat et prolongez la coupe suivant la ligne de craie à l'aide d'une règle rectifiée et d'un couteau universel. Placez un morceau de bois inutilisé sous la ligne de coupe, pour protéger la moquette lors de la coupe.

9 Coupez les bords droits des raccords des plus petits morceaux de moquette qui doivent être assemblés. Ne coupez pas les bords qui seront raccordés au morceau de moquette principal avant d'avoir assemblé les petits morceaux.

Option : Déposez un cordon continu de colle à joint le long des bords coupés du dossier, à l'endroit des joints, pour que la moquette ne s'effiloche pas.

10 Branchez le fer à joints et, pendant qu'il chauffe, mesurez et coupez des morceaux de ruban à joints à colle chaude pour tous les joints. Commencez par assembler les petits morceaux de moquette pour former un grand morceau. Centrez le ruban sous le joint, adhésif vers le haut.

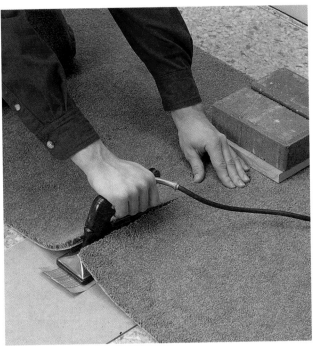

11 Posez le fer à joints sous la moquette, à l'extrémité du ruban, jusqu'à ce que l'adhésif ramollisse, c'est-à-dire pendant environ 30 secondes. Déplacez ensuite le fer sur le ruban, en chauffant 12 po de ruban à la fois et en laissant retomber la moquette sur l'adhésif chaud, derrière le fer. Posez des poids à l'extrémité du joint pour maintenir les morceaux en place.

Suite à la page suivante

Comment couper une moquette et faire les raccords (suite)

12 Appuyez les bords de la moquette l'un contre l'autre dans l'adhésif ramolli, derrière le fer. Séparez les poils de la moquette avec les doigts, pour que les fibres ne s'engluent pas dans la colle et que les deux bords soient bien jointifs ; ensuite, placez une planche lestée sur le joint, pour qu'il reste plat pendant que l'adhésif sèche.

Variante : Pour éviter qu'il ne se forme des espaces à l'endroit des joints d'une moquette à velours bouclé, utilisez un coup de genou pour pousser légèrement les bords de la moquette l'un contre l'autre pendant que l'adhésif est encore chaud.

13 Continuez d'assembler les petits morceaux de moquette. Quand l'adhésif est sec, retournez les morceaux assemblés et coupez un nouveau bord de raccordement comme il est indiqué aux étapes 7 et 8. Réchauffez le ruban à l'extrémité de chaque joint et enlevez-en environ 1 ½ po de manière qu'il ne recouvre pas le ruban adhésif du morceau principal.

14 Utilisez du ruban à joints à colle chaude pour attacher les morceaux assemblés au morceau principal, en répétant les étapes 10 à 12.

15 Si vous installez de la moquette dans un placard, coupez un morceau d'appoint et attachez-le au morceau principal de la moquette au moyen de ruban à joints à colle chaude.

Conseil : Aux endroits des radiateurs, des tuyaux et des autres obstacles, entaillez la moquette. Commencez par découper une fente allant du bord de la moquette à l'obstacle et faites ensuite les découpes transversales nécessaires pour que la moquette contourne l'obstacle.

Conseil : Pour poser une moquette qui contourne un mur de séparation, aux endroits où les bords du mur ou l'encadrement de porte rencontrent le plancher, coupez la moquette en diagonale, en partant du centre du bord remonté et en descendant vers les points de rencontre des arêtes du mur avec le plancher.

Comment tendre et attacher une moquette

1 Avant de tendre la moquette assemblée, lisez cette section au complet et adoptez la séquence d'opérations présentée ici pour tendre votre moquette. Commencez par attacher la moquette au seuil d'une entrée de porte, en utilisant les raccords appropriés (voir p. 182-183).

2 Si l'entrée de porte se trouve près d'un coin, utilisez un coup de genou pour attacher la moquette aux bandes à griffes, entre la porte et le coin. Attachez également quelques pieds de moquette le long du mur adjacent, en avançant vers le coin.

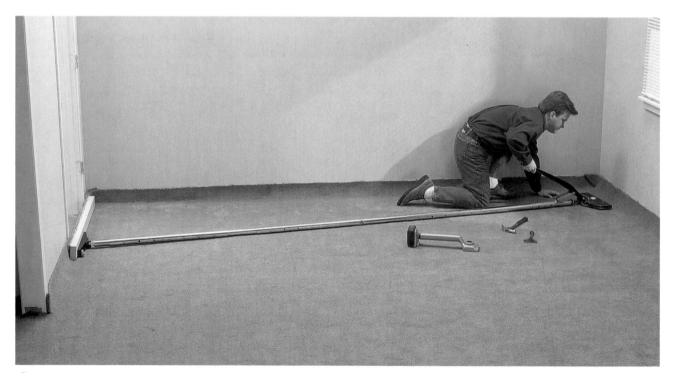

3 Utilisez un tendeur à levier pour étirer la moquette vers le mur opposé à la porte, en supportant la queue du tendeur à l'aide d'un morceau de bois scié de 2 po x 4 po, placé à travers l'entrée de porte. En laissant la queue du tendeur à sa place et en déplaçant seulement la tête de celui-ci, continuez à tendre et à attacher la moquette le long du mur, en vous dirigeant vers le coin le plus rapproché, à raison de 12 à 24 po à la fois.

4 En étirant la moquette, attachez-la aux bandes à griffes au moyen d'un outil pour marche d'escalier ou de la tête d'un marteau.

5 Le tendeur à levier toujours tendu entre l'entrée de porte et le mur opposé, attachez la moquette aux bandes à griffes, le long du mur le plus rapproché, en utilisant le coup de genou et en commençant près du coin le plus rapproché de la queue du tendeur. Ne relâchez le tendeur que s'il se trouve dans votre chemin.

6 Replacez le tendeur de manière que sa queue appuie contre le centre du mur auquel vous venez d'attacher la moquette. Tendez et attachez la moquette le long du mur opposé, en partant du centre et en progressant vers un coin. Si un des murs adjacents contient un placard, progressez vers le mur, pas vers le placard.

Suite à la page suivante

Comment tendre et attacher une moquette (suite)

7 À l'aide d'un coup de genou, tendez et attachez la moquette dans le placard (le cas échéant). Tendez et attachez tout d'abord la moquette contre le mur arrière, puis contre les murs de côté. Après avoir tendu et attaché la moquette dans le placard, utilisez le coup de genou pour attacher la moquette le long des murs à côté du placard. Ne relâchez le tendeur que s'il se trouve dans votre chemin.

8 Replacez la tête du tendeur au centre du mur et achevez d'attacher la moquette le long de ce mur, en vous dirigeant vers l'autre coin de la pièce.

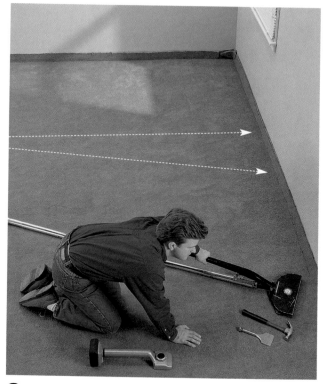

9 Placez le tendeur de manière à pouvoir attacher la moquette le long du dernier mur de la pièce, en partant du centre et en progressant vers les coins. Le bloc support de la queue doit se trouver contre le mur opposé.

Conseil: Repérez les évents de planchers se trouvant sous la moquette et découpez des ouvertures à ces endroits à l'aide d'un couteau universel, en commençant au centre de l'évent. Il important de ne faire ces découpes qu'après avoir tendu la moquette.

10 Utilisez un rognoir pour couper l'excédent de moquette le long des murs. Pour achever le travail dans les coins, utilisez un couteau universel.

11 À l'aide d'un marteau et d'un outil pour marche d'escalier, enfoncez les bords coupés de la moquette dans les interstices entre les bandes à griffes et les murs.

contremarche

bandes à griffes

marche

Techniques de base de la pose de moquette sur un escalier

Si c'est possible, recouvrez l'escalier avec de la moquette d'un seul tenant. Si vous devez utiliser plusieurs morceaux, posez-les de manière qu'ils se rencontrent au fond d'une marche. Arrangez-vous pour ne pas avoir de joints au beau milieu d'une marche ou d'une contremarche.

Dans ce projet-ci, on a affaire à un escalier encloisonné. Si l'escalier est ouvert, rabattez les bords de la moquette et fixez-les à l'aide de clous de tapis.

Outils et matériel :

Règle rectifiée, couteau universel, cisaille type aviation, agrafeuse, outil pour marche d'escalier, coup de genou, moquette, thibaude, bandes à griffes, clous de tapis.

Sur les escaliers, fixez des bandes à griffes sur les marches et sur les contremarches. Lorsqu'on doit poser deux ou plusieurs morceaux de moquette, ceux-ci doivent se rencontrer au fond de la marche, à l'endroit où celle-ci rencontre la contremarche.

Comment poser de la moquette sur un escalier

1 Mesurez la largeur de l'escalier. Additionnez les mesures des marches et des contremarches pour savoir la longueur de moquette dont vous avez besoin. Utilisez un couteau universel et une règle rectifiée pour découper la moquette aux dimensions voulues.

2 Fixez des bandes à griffes sur les marches et les contremarches. Sur les contremarches, placez les bandes à 1 po environ au-dessus des marches ; sur les marches, placez les bandes à environ ¾ po des contremarches. Assurez-vous que les pointes des bandes sont inclinées vers le fond de la marche. Sur la contremarche inférieure, laissez un espace égal aux ⅔ de l'épaisseur de la moquette.

196

3 Pour chaque marche, coupez un morceau de thibaude dont la longueur est égale à la largeur de la marche et qui est assez large pour couvrir la marche et quelques pouces de sa contremarche. Agrafez la thibaude à sa place.

4 Placez la moquette sur l'escalier, le poil dirigé vers le bas. Attachez le bord inférieur à l'aide d'un outil pour marche d'escalier, en enfonçant l'extrémité de la moquette entre la bande à griffes et le plancher.

5 À l'aide d'un coup de genou et d'un outil pour marche d'escalier, tendez la moquette vers la bande à griffes de la première marche et attachez-la. Commencez au centre de la marche et alternez ensuite les coups de genou de part et d'autre, jusqu'à ce que la moquette soit complètement attachée à la marche.

6 À l'aide d'un marteau et d'un outil pour marche d'escalier, coincez fermement la moquette dans le fond de la marche. Répétez l'opération pour chaque marche.

7 Lorsque deux morceaux de moquette se rencontrent, commencez par attacher le bord du morceau supérieur, puis tendez et attachez le morceau inférieur.

Finition
des planchers

Comme le bois est un produit naturel, le revêtement en bois dur offre un aspect des plus attrayants. Les dessins du grain frappent l'œil, et les combinaisons de couleurs donnent aux pièces éclat et chaleur. Les fibres du bois, très résilientes, rendent les planchers en bois dur extrêmement durables, mais ils subissent néanmoins des changements dus à l'humidité et à l'usage.

Le fini de la surface est la première partie du plancher en bois dur qui s'use. Pour rendre à votre plancher l'aspect du neuf, poncez-le au moyen d'une ponceuse à tambour de location, et appliquez ensuite une couche de produit de finition, du polyuréthane par exemple. Si vous rechignez à poncer le plancher et désirez que votre plancher conserve son éclat ancien, ou s'il a déjà été sablé et qu'il a moins de ⅜ po d'épaisseur, le décapage constitue une solution de rechange au ponçage.

Après avoir renouvelé le fini de votre plancher, vous souhaiterez peut-être l'orner du motif ou de la bordure de votre choix ou, si son aspect ne vous plaît pas, le peindre. Aux pages 204 à 223 on présente plusieurs manières de personnaliser un plancher en bois.

Matériel de renouvellement de la surface et du fini d'un plancher

Le renouvellement de la surface et du fini d'un plancher nécessite l'utilisation de produits et de matériel spéciaux. Si le plancher est griffé, entaillé et taché, il vaut sans doute mieux renouveler sa surface en le ponçant à l'aide d'une ponceuse à tambour (A) pour la plus grande partie de la surface et d'une ponceuse à bordures (B) pour les parties voisines des plinthes. On peut louer ces outils dans la plupart des maisonneries ou des centres de location. En règle générale, vous devez utiliser le papier de verre le plus fin pour accomplir efficacement le travail. Assurez-vous de recevoir toutes les instructions de fonctionnement et de sécurité lorsque vous louez ces outils.

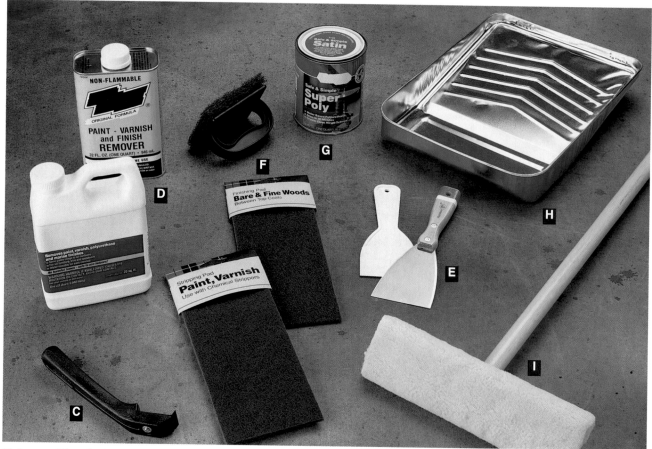

Mais on utilise également d'autres produits et outils pour renouveler la surface et le fini d'un plancher. Les grattoirs à peinture (C) permettent d'enlever l'ancienne couche de finition dans les coins et dans les autres endroits inaccessibles aux ponceuses. Les produits chimiques de décapage (D) offrent souvent la meilleure solution lorsqu'il s'agit de renouveler le fini d'un plancher, surtout si le plancher est inégal ou si on a affaire à du parquet ou à un plancher en bois plaqué qu'on ne peut poncer. Les couteaux à décaper (E) et les tampons abrasifs (F) s'utilisent avec les produits de décapage. Pour la finition, on verse du polyuréthane dilué à l'eau (G) dans un bac à peinture (H) et on l'applique au moyen d'un tampon à peindre dont le manche est muni d'une rallonge (I).

Comment renouveler le fini d'un plancher en bois dur

1 Commencez le travail avec du papier de verre 80, en plaçant la ponceuse à environ 6 po du mur. Écartez le tambour du sol, faites démarrer la machine et faites-la avancer, en abaissant lentement le tambour. Poncez dans la direction des lames de plancher, jusqu'à moins de 12 po du mur du fond et levez le tambour en gardant la ponceuse en mouvement.

2 Retournez d'où vous êtes parti et entamez la deuxième passe, en empiétant sur la moitié de la largeur de la première passe.

3 La première phase du ponçage devrait enlever la plus grande partie de l'ancien fini. Remplacez le premier papier de verre par du papier de verre 120 et poncez tout le plancher. Répétez l'opération en utilisant du papier de verre plus fin (150 à 180), afin d'enlever toutes les éraflures laissées par les papiers plus grossiers.

4 Pour poncer le plancher le long des bords, utilisez une ponceuse de pourtour et la même gamme de papiers de verre.

5 Grattez l'ancien fini dans les endroits difficiles d'accès, puis lissez la surface avec une ponceuse à main.

6 Enlevez la poussière du plancher en l'essuyant avec un chiffon collant et appliquez la couche superficielle de votre choix. Le polyuréthane donne un fini brillant et durable.

Comment appliquer du polyuréthane sur un plancher

1 Imperméabilisez le bois poncé au moyen d'un mélange composé à parties égales de polyuréthane à base d'eau et d'eau, que vous appliquerez à l'aide d'un tampon à peindre dont le manche est muni d'une rallonge. Laissez sécher le produit, puis poncez légèrement la surface avec un tampon abrasif à grain moyen pour enlever toute particule de grain de bois soulevée. Passez un aspirateur muni d'une brosse, puis essuyez le plancher au moyen d'un chiffon collant.

2 Appliquez sur le plancher une couche de polyuréthane non dilué, aussi uniforme que possible. Brossez la surface le moins possible et laissez sécher le produit avant de continuer l'opération.

3 Poncez le plancher au moyen d'un tampon abrasif à grain moyen. Passez l'aspirateur et essuyez le plancher avec un chiffon collant. Appliquez d'autres couches de polyuréthane jusqu'à ce que la couche de finition ait atteint l'épaisseur voulue. Poncez le plancher entre les couches. La plupart des planchers requièrent au moins trois couches de polyuréthane à base d'eau pour que la surface finie soit dure et résiste à l'usure.

Option : Lorsque la dernière couche de finition est sèche, poncez la surface avec de l'eau et un tampon abrasif à grain fin pour éliminer toute imperfection de surface et diminuer l'éclat du plancher.

Comment procéder au décapage chimique d'un plancher en bois dur

1 Portez un masque respiratoire et des gants en caout-chouc, et appliquez le décapant avec un pinceau. Ne couvrez que la surface que vous pouvez gratter pendant le temps que met le décapant à agir.

2 À l'aide d'un couteau à décaper en nylon, grattez le mélange boueux que forment le décapant et l'ancien fini. Avancez dans le sens des fibres du bois et déposez la boue sur de vieux journaux. Après avoir décapé le plancher au complet, frottez-le à l'aide d'un tampon abrasif trempé dans un solvant de rinçage qui est compatible avec le décapant, de l'essence minérale, par exemple. N'utilisez pas d'eau.

3 Enlevez la boue et la saleté qui res-tent dans les joints des lames du plancher, au moyen d'un couteau à palette ou d'un couteau à mastiquer.

4 Faites disparaître les taches et la décoloration en ponçant soigneu-sement la surface abîmée. Utilisez de l'acide oxalique pour enlever les taches profondes.

5 Faites les retouches nécessaires sur les endroits poncés, au moyen de teinture. Essayez la teinture avant de l'appliquer.

Finis de plancher teinté, d'aspect vieilli et abîmé

On applique des teintures sur les surfaces de bois non finies des planchers pour donner une couleur au bois, et vous trouverez dans le commerce des teintures imitant les différents tons des bois naturels. Mais vous pouvez aussi appliquer une teinture sur des planchers déjà teintés ou finis pour créer un effet de couleur lavée. Utilisez une teinture de couleur, verte par exemple, pour créer un motif décoratif campagnard, ou blanche pour donner à la pièce un aspect moderne.

Vous pouvez aussi teindre le bois avec une peinture au latex diluée, ce qui produira un effet de couleur lavée. La solution utilisée doit être beaucoup plus pâle que la couleur originale. Utilisez 1 partie de peinture au latex pour 4 parties d'eau dans la préparation de cette solution et procédez à quelques essais jusqu'à ce que vous obteniez la couleur désirée. Appliquez la teinture ou la solution dans un endroit dissimulé, un placard par exemple, pour vérifier votre méthode d'application avant de teindre toute la surface du plancher.

Les finis de plancher d'aspect vieilli (voir p. 207) donnent l'illusion du plancher usé par le temps et conviennent bien aux intérieurs rustiques, conviviaux. Ces finis sont durables malgré leur apparente fragilité et leur aspect usé. Les finis d'aspect vieilli conviennent particulièrement aux planchers qui ont déjà été peints ou teintés, mais on peut également en recouvrir les planchers neufs ou refaits. On peut appliquer jusqu'à trois couches de peinture de couleurs différentes sur le plancher.

Utilisez une teinture à l'eau qui s'applique facilement, sans laisser de marques de raccords ni de traînées. Avant de teindre le bois, recouvrez-le d'une couche de produit de conditionnement, si le fabricant le conseille: ces produits empêchent les traînées et le soulèvement du grain lorsqu'on utilise des teintures à l'eau.

Outils et matériel :

Pinceau synthétique, applicateur en éponge, chiffon en coton non ouaté, gants en caoutchouc, tampon à peindre muni d'un manche, ponceuse à commande mécanique, papier de verre moyen et fin, aspirateur, agent de conditionnement du bois, chiffon collant, teinture à l'eau ou peinture au latex, finis transparents brillants ou satinés, peinture-émail au latex, rouleau à peindre, marteau, couteau, alène.

Comment appliquer une teinture de finition sur un plancher de bois neuf

1 Poncez la surface du plancher au moyen d'une ponceuse munie de papier de verre fin, en déplaçant celle-ci dans le sens du grain. Enlevez la poussière du ponçage avec un aspirateur et essuyez ensuite le plancher à l'aide d'un chiffon collant.

2 Mettez des gants en caoutchouc pour travailler avec la teinture. Brassez soigneusement la teinture ou la solution de peinture diluée. Appliquez la peinture ou la solution sur le plancher, au moyen d'un pinceau synthétique ou d'un applicateur en éponge. Ne recouvrez qu'une petite section à la fois. Gardez l'extrémité du pinceau ou de l'applicateur humide et évitez de faire chevaucher les coups de pinceau.

3 Essuyez immédiatement l'excédent de teinture ou, après avoir laissé s'écouler le temps prescrit par le fabricant, utilisez un chiffon non ouaté pour essuyer la surface, d'abord à contresens, puis dans le sens du grain. Continuez d'appliquer la teinture et de l'essuyer jusqu'à ce que tout le plancher soit teinté. Laissez sécher la teinture. Poncez légèrement le plancher en utilisant du papier de verre fin et enlevez la poussière de ponçage au moyen d'un chiffon collant. Pour foncer la couleur, appliquez une deuxième couche de teinture et laissez-la sécher complètement.

4 Appliquez une couche de fini brillant sur le plancher teinté, à l'aide d'un applicateur en éponge ou d'un tampon à peindre muni d'un manche. Laissez sécher le fini, puis poncez légèrement le plancher avec du papier de verre fin et essuyez la poussière avec un chiffon collant. Appliquez deux couches de fini satiné transparent en suivant les instructions du fabricant.

Les bois de couleur foncée conviennent bien aux pièces classiques.
Recouverts d'une solution de couleur
lavée, ils dégagent une impression
plus douce.

Les bois de tons moyens, chauds
ont un aspect ordinaire. Une couche
de solution de couleur lavée blanche
leur donne un cachet ancien.

**On utilise souvent des teintures
pâles, neutres,** dans les pièces
modernes. Une couleur lavée bleue
donnera à celles-ci un nouveau
genre, plus audacieux.

Comment donner à un plancher de bois un aspect vieilli et abîmé

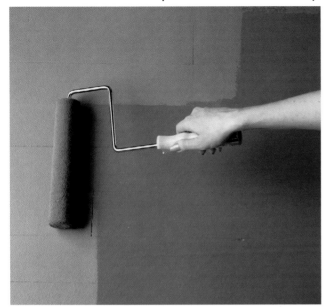

1 Finissez le plancher avec une couche de fond, de peinture ou de teinture. Poncez légèrement le plancher et essuyez la poussière qui reste avec un chiffon collant. Appliquez deux ou trois couches de peinture-émail, en utilisant une couleur différente pour chaque couche. Laissez sécher chaque couche. Poncez légèrement le plancher entre les couches, en utilisant du papier de verre fin et essuyez la poussière avec un chiffon collant.

2 Poncez la surface du plancher à l'aide de papier de verre moyen, en insistant davantage à certains endroits, pour enlever la dernière et l'avant-dernière couche de peinture, mais évitez de poncer au-delà de la couche de base de peinture ou de teinture.

3 Si vous désirez accentuer l'effet de plancher abîmé, utilisez la tête d'un marteau ou une chaîne pour obtenir l'effet recherché. Entamez les planches avec un ciseau, ou faites des trous au hasard, avec une alène. Créez toutes les imperfections que vous voulez, puis poncez légèrement tout le plancher. Appliquez deux couches de fini satiné transparent, en laissant sécher complètement le produit entre les couches.

Variante : Ici, on a appliqué deux couches de peinture verte sur un plancher qui avait été teinté. Le ponçage laisse apparaître la teinture par endroits. Pour accentuer l'effet de détérioration du plancher, on a utilisé un marteau, un ciseau et une alène.

Variante : Ce fini est le résultat obtenu en recouvrant d'une couche de fond marron puis d'une couche de peinture rose un plancher qui avait été teinté auparavant. Le ponçage a donné un aspect vieilli convenant parfaitement à une chambre de chalet.

Motifs de planchers peints en damier

Vous pouvez donner à un plancher de bois un nouvel aspect ou faire ressortir certains endroits de ce plancher en y peignant des motifs de différents styles. Si le plancher est en mauvais état, on peut parfois en camoufler l'usure en peignant un motif qui recouvre toute sa surface, un motif classique en damier par exemple.

Il est essentiel de bien préparer le plancher si l'on veut obtenir des résultats durables. Si le plancher est déjà fini, poncez légèrement les endroits à peindre ; ainsi, la peinture adhérera mieux au fini. Si le plancher n'est pas fini, scellez-le au moyen d'un fini transparent acrylique ou de polyuréthane, pour empêcher la peinture de pénétrer entre les fibres du bois nu, et poncez légèrement la surface avant de la peindre. Avant de commencer à peindre, assurez-vous qu'il ne reste plus de poussière à la surface du plancher.

Choisissez des couleurs qui se complètent, elles rendront le fini plus attrayant. Le contraste d'une couleur foncée et d'une couleur claire crée souvent un effet réussi. Faites l'essai des peintures choisies en les appliquant dans un endroit moins visible, un placard par exemple, vous pourrez alors juger de leur effet avant de peindre tout le plancher.

Donnez libre cours à votre imagination en créant un couvre-sol personnalisé, orné de motifs peints, comme celui de la page 211. Utilisé dans un vestibule précédant le salon, ou comme une carpette, le couvre-sol suscitera des commentaires élogieux.

Outils et matériel :

Ponceuse à commande mécanique et papier de verre fin, pinceaux, mètre à ruban, règle rectifiée, crayon, rouleau à peindre ou tampon à peindre munis d'un manche, papier millimétré, chiffon collant, couteau à mastiquer, ruban-cache de peintre, peinture au latex des deux couleurs choisies, finis brillants et satinés.

Pour le couvre-sol décoratif, prévoir un pinceau à poils synthétiques, une toile de peintre en plastique, une équerre de charpente, de la toile de jute de 18 oz ou n° 8, un produit imperméabilisant.

Comment peindre un motif en damier sur un plancher

1 Si le plancher de bois est teinté et scellé, poncez légèrement le fini pour le rendre moins brillant, au moyen d'une ponceuse à commande mécanique munie de papier de verre fin: cela augmentera l'adhérence de la peinture. Passez tout le plancher à l'aspirateur et essuyez-le ensuite avec un chiffon collant pour enlever la poussière provenant du ponçage.

2 Masquez les plinthes avec du ruban-cache de peintre. Peignez tout le plancher dans la plus claire des deux couleurs du motif. Laissez complètement sécher la peinture.

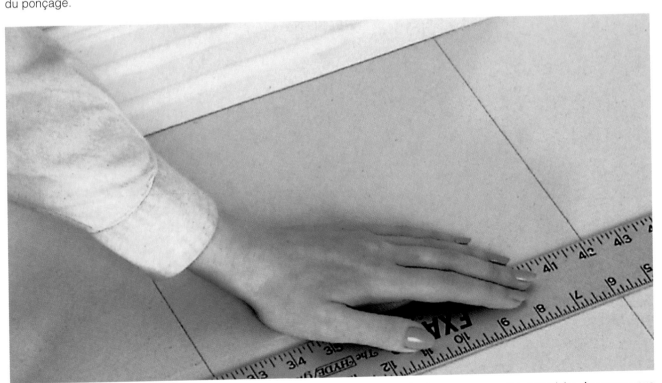

3 Prenez les mesures du plancher et déterminez la dimension des carrés de damier que vous voulez reproduire. Arrangez-vous pour que les parties les plus visibles du plancher – l'entrée principale par exemple – soient recouvertes de carrés entiers. Placez les carrés incomplets le long des murs, dans les endroits moins visibles. Tracez les carrés sur le plancher, à l'aide d'un crayon et d'une règle rectifiée.

Suite à la page suivante

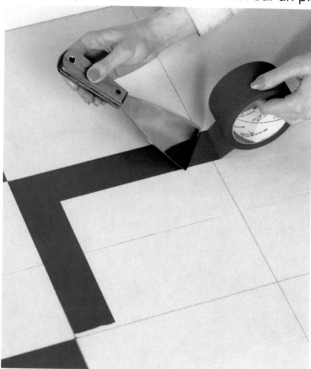

4 À l'aide de ruban-cache de peintre, masquez les bords des carrés qui resteront dans la couleur claire. Appuyez fermement sur les bords du ruban, en utilisant un couteau à mastiquer, pour que le joint soit parfaitement étanche.

5 Peignez les autres carrés dans la couleur plus foncée. Peignez de petites surfaces à la fois et enlevez le ruban-cache des carrés peints avant que la peinture ne soit complètement sèche.

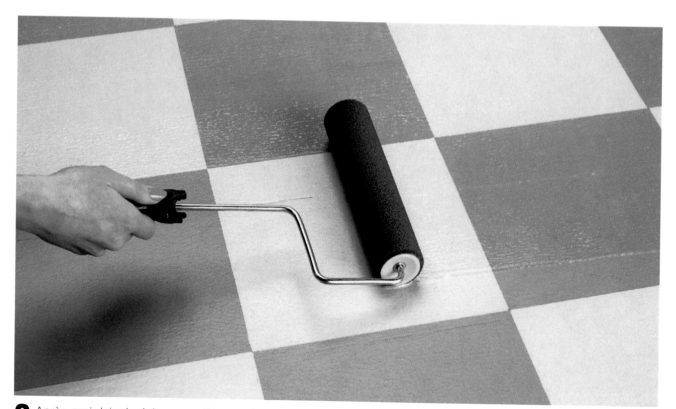

6 Après avoir laissé sécher complètement la peinture, appliquez une couche de fini transparent brillant, au moyen d'un rouleau ou d'un tampon muni d'un manche. Laissez sécher le fini et poncez-le ensuite légèrement avec du papier de verre fin, puis essuyez le plancher avec un chiffon collant. Appliquez deux couches de fini transparent satiné.

Comment peindre un couvre-sol

1 Découpez le morceau de toile de jute aux dimensions voulues, après avoir tracé son contour à l'aide d'un crayon, d'une équerre de charpente et d'une règle rectifiée.

2 Piquez à la machine le bord de la toile, à ¼ po du pourtour et faites une deuxième piqûre à ⅛ po de celui-ci. Étalez la toile à plat sur le sol.

3 Placez la toile sur une toile de peintre en plastique. À l'aide d'un rouleau à peindre, appliquez la peinture du fond en prenant soin de ne pas créer de faux plis dans la toile. Passez le rouleau dans toutes les directions pour que la peinture pénètre bien dans la toile. Laissez sécher la peinture. Ajoutez le nombre de couches nécessaires en laissant sécher chaque couche jusqu'au lendemain. Coupez les fils qui dépassent.

4 À l'aide d'un crayon, tracez le motif de votre choix. Peignez-le en appliquant une couleur à la fois. Utilisez un pinceau pointu pour délimiter chaque partie du motif, et un pinceau plus large pour remplir l'intérieur. Laissez sécher la peinture pendant 24 heures.

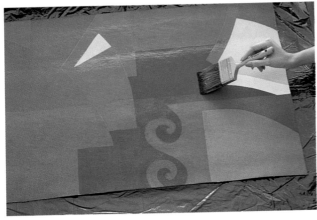

5 Utilisez un pinceau à poils synthétiques pour appliquer un imperméabilisant et laissez sécher celui-ci pendant plusieurs heures. Appliquez d'autres couches d'imperméabilisant si nécessaire, en suivant les instructions du fabricant pour les temps de séchage.

6 Placez la toile sur le plancher en l'aplatissant convenablement.

Planchers en fausse pierre

Vous pouvez, à l'aide d'un putois ou à l'aide de morceaux de journal, donner au plancher un fini qui imite la pierre dépolie. La technique du putois donne un fini aux couleurs mélangées, texturé et relativement lisse, tandis que la technique du papier journal crée un fini de texture brute dans des couleurs variées qui imitent la pierre dépolie, et présente un relief. En ajoutant des lignes de coulis rustiques, vous obtiendrez, dans les deux cas, un revêtement qui ressemblera à un revêtement en carreaux de pierre coûteux.

Vous pouvez combiner une variété de glacis de tons terreux pour obtenir le fini de la couleur désirée. Mais il vaut mieux limiter votre choix à deux ou trois couleurs.

Pour créer des lignes de coulis, vous collerez un quadrillage de ruban-cache sur la surface avant d'appliquer la technique du faux fini. Une fois que le faux fini appliqué sera sec, vous enlèverez le ruban-cache et vous peindrez les lignes de coulis avec un pinceau d'artiste à soie ronde. Vous obtiendrez un effet rustique en peignant les lignes à main levée et vous donnerez une impression de relief en ombrant les lignes de coulis pour créer un effet de trompe-l'œil.

Pour obtenir les glacis mats pour planchers en fausse pierre, mélangez une partie de peinture au latex, une partie de produit de conditionnement pour peinture au latex et une partie d'eau, et ce, pour chaque nuance de ton terreux. Pour obtenir les lavis pour planchers en fausse pierre, mélangez une partie de peinture mate au latex avec deux ou trois parties d'eau. Diluez la peinture jusqu'à ce qu'elle ait la consistance de l'encre.

Outils et matériel :

Rouleau de peintre à poils courts, applicateur en éponge, ou pinceau, putois ou journal, peinture-émail au latex, peu brillante et blanche, peinture au latex mate, de deux ou trois tons terreux, produit de conditionnement pour peinture au latex, étamine, peinture au latex mate, blanche et de ton terreux, fini transparent mat ou aérosol de produit de scellement acrylique transparent, mat (facultatif), peinture au latex ou acrylique de ton contrastant avec le fini de la pierre.

Comment créer un fini en fausse pierre en utilisant la méthode du putois

1 À l'aide d'un applicateur adapté à la grandeur de la surface, appliquez une couche de fond de peinture-émail au latex, blanche et peu brillante, sur toute la surface. Laissez sécher la peinture. Le cas échéant, masquez les lignes de coulis avec du ruban-cache.

2 À l'aide d'un applicateur en éponge ou d'un pinceau, donnez des touches de glacis mat de ton terreux, au hasard. Couvrez environ la moitié de la surface. Répétez l'opération avec une autre couleur de glacis, dans les zones qui restent, en laissant telles quelles quelques petites plaques.

3 À l'aide d'un putois, « pointillez » la surface. Mélangez les couleurs à votre gré : laissez des zones très foncées et d'autres assez claires pour que la couche de fond transparaisse. Ajoutez des glacis noir et blanc, ou des glacis de tons terreux si vous le désirez. Pointillez la surface pour mélanger les couleurs, puis laissez sécher la peinture.

4 Appliquez un glacis blanc sur toute la surface. Utilisez un tampon en étamine ouatinée pour adoucir le fini. Laissez sécher la peinture, puis, si vous le désirez, appliquez un fini mat transparent ou un produit de scellement acrylique transparent en aérosol, mat.

Comment créer un fini en fausse pierre en utilisant la méthode du journal

1 Suivez les étapes 1 et 2 de la page 213. Appliquez un lavis blanc aux endroits désirés et un lavis de ton terreux ailleurs.

2 Pliez plusieurs fois une feuille de journal. Placez-la à plat sur la surface et appuyez dessus pour l'enfoncer dans le glacis. Retirez-la, en enlevant un peu du glacis. Répétez l'opération à d'autres endroits, avec la même feuille de journal, en la posant dans différentes directions pour mélanger grossièrement les couleurs.

3 Si vous voulez ajouter de la couleur à un endroit, étalez du glacis sur la feuille de journal et posez celle-ci à plat sur la surface. Répétez l'opération jusqu'à ce que vous obteniez l'effet désiré. Laissez quelques zones foncées et quelques zones claires dans la surface finie. Gardez la même feuille de journal pendant toute l'opération. Laissez sécher la peinture.

4 Appliquez un glacis blanc sur toute la surface. Utilisez un tampon en étamine ouatinée pour adoucir le fini. Laissez sécher la peinture, puis, si vous le désirez, appliquez un fini mat transparent ou un produit de scellement acrylique transparent en aérosol, mat.

Comment peindre des lignes de coulis rustique

1 À l'aide d'un applicateur adapté à la grandeur de la surface, appliquez une couche de fond de peinture-émail au latex, blanche et peu brillante, sur toute la surface. Laissez sécher la peinture. Décidez de l'emplacement des lignes de coulis et marquez les points d'intersection de celles-ci, en utilisant une règle rectifiée et un crayon.

2 Collez horizontalement du ruban-cache de ¼ po sur la surface et faites en sorte qu'il soit bien tendu, et placé chaque fois en dessous des marques. Répétez l'opération pour les lignes verticales, en plaçant le ruban-cache juste à droite des marques. Appuyez fermement sur le ruban-cache avec la pulpe des doigts, mais sans le lisser.

3 Appliquez le faux fini désiré (p. 213-214). Laissez-le sécher. Enlevez soigneusement les bandelettes de ruban-cache.

4 À l'aide d'un pinceau d'artiste à soie ronde, peignez les lignes de coulis à main levée, en utilisant un glacis pour lignes de coulis, d'une couleur qui tranche harmonieusement avec le faux fini. Faites en sorte que les lignes de coulis présentent quelques irrégularités en largeur et en densité de couleur. Laissez sécher la peinture. Si vous le désirez, appliquez un fini ou un produit de scellement sur toute la surface.

Finis en faux plancher de bois

Vous pouvez imiter les riches motifs et les couleurs du veinage naturel du bois en utilisant une technique qui remonte à l'époque romaine et qui était particulièrement répandue à la fin du XIXᵉ siècle : le faux veinage du bois, appelé aussi grainage ; cette technique longtemps réservée aux artisans spécialisés, connaît un regain de popularité depuis l'apparition d'outils tels que le tampon de grainage. Le grainage est une méthode qui convient à n'importe quelle surface lisse.

Pour imiter le veinage du bois, on passe une couche de peinture épaisse sur une couche de fond de peinture-émail au latex, peu brillante. On fait glisser la partie tampon de l'outil à travers le glacis humide en la faisant basculer. Le glissement et le basculement simultanés du tampon créent des marques de forme ovale qui imitent le veinage caractéristique du pin ou d'autres essences.

Familiarisez-vous avec la technique du grainage en faisant des essais sur de grandes feuilles de carton jusqu'à ce que vous obteniez un motif imitant suffisamment bien le veinage du bois naturel. Vous pourrez du même coup tester le fini avant d'entreprendre le travail.

La couleur finale du fini de veinage du bois dépend de l'effet combiné de la couche de fond et de la couche de glacis. Pour obtenir l'apparence du bois naturel, utilisez une couche de base claire et un glacis foncé. La gamme de teintures utilisées actuellement en menuiserie est tellement étendue qu'il n'est pas nécessaire d'imiter à la fois le veinage et la couleur d'une essence particulière. Pour obtenir un glacis pour grainage, mélangez deux parties de peinture acrylique d'artiste ou de peinture au latex du lustre voulu avec une partie d'agent épaississeur pour peinture acrylique.

Outils et matériel :

Pinceau à poils synthétiques, applicateur en éponge, ou rouleau de peintre, tampon basculant de grainage, pinceau doux à poils naturels, de 3 ou 4 po de large, crayon ; règle rectifiée, ruban-cache de peintre ; couteau à mastiquer, peinture-émail au latex, peu brillante, peinture acrylique d'artiste ou peinture au latex, agent épaississeur pour peinture acrylique, chiffons, carton, fini transparent satiné ou brillant, ou produit de scellement acrylique transparent en aérosol.

Comment peindre un faux fini par grainage

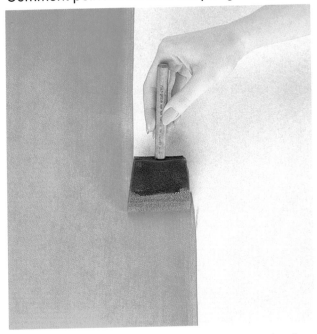

1 Appliquez une couche de fond de peinture-émail au latex, peu brillante et de la couleur désirée, en l'étendant dans le sens des fibres du bois à imiter. Utilisez un pinceau ou un applicateur en éponge, ou encore un rouleau pour les grandes surfaces. Laissez sécher la peinture.

2 Préparez le glacis de grainage et, à l'aide d'un applicateur en éponge ou d'un pinceau à poils synthétiques, appliquez-en une couche uniforme sur la couche de fond, en procédant par petites surfaces. Donnez les coups de pinceau parallèlement aux fibres du bois à imiter.

3 Faites glisser le tampon basculant à travers le glacis humide, en le basculant lentement pour créer l'effet de veinage du bois. Commencez dans un coin et progressez d'un mouvement continu en glissant et en basculant l'outil d'une extrémité à l'autre. La position du tampon correspond aux marques du veinage, comme le montre l'illustration.

4 Répétez l'étape 3 pour les rangées suivantes, en faisant varier l'espace entre les marques ovales. Si nécessaire, essuyez l'excédent de glacis au moyen d'un chiffon. Pour certaines rangées, faites glisser dans le glacis le bord à peigne ou le bord à encoches du tampon plutôt que sa partie basculante : vous créerez ainsi un autre effet, soit l'imitation des seules fibres du bois.

5 Avant que le glacis n'ait complètement séché, utilisez un pinceau doux à poils naturels, sec, de 3 ou 4 po de large, pour brosser la surface. Passez légèrement la brosse dans le sens des fibres du bois pour adoucir le fini. Essuyez l'excédent de glacis du pinceau, si nécessaire. Laissez sécher le glacis. Si vous le désirez, appliquez un fini transparent ou un produit de scellement acrylique transparent.

Comment réaliser un faux fini imitant un parquet

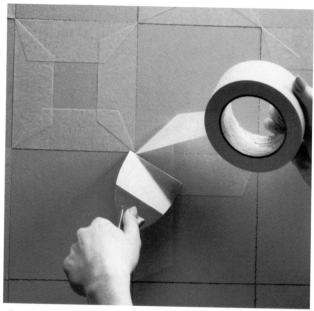

1 À l'aide d'un pinceau ou d'un rouleau, appliquez une couche de fond de peinture-émail peu brillante et laissez-la sécher. Au moyen d'une règle rectifiée et d'un crayon, tracez une grille sur la couche de fond. Centrez la grille par rapport à la pièce ou commencez par un carré entier, dans un coin.

2 Collez du ruban-cache pour masquer les bords d'un carré sur deux de la grille. Utilisez un couteau à calfeutrer pour couper le ruban-cache en diagonale, dans chaque coin. Appuyez fermement sur les bords pour éviter que le glacis ne s'infiltre sous le ruban-cache. Préparez le glacis de grainage.

3 Appliquez le glacis dans les carrés non masqués, en passant la brosse verticalement. Dans certains carrés, faites glisser le tampon de grainage verticalement sur le glacis humide, sans le basculer, pour obtenir un veinage droit. Dans d'autres, faites glisser le tampon verticalement en le basculant, pour obtenir différentes marques de forme ovale. Ne travaillez que sur quelques carrés à la fois, car le glacis sèche rapidement.

4 Avec un pinceau à poils naturels souples, sec, brossez la surface avant que le glacis n'ait complètement séché. Donnez de légers coups de brosse dans le sens du veinage, pour adoucir le fini. Si nécessaire, essuyez l'excédent de glacis du pinceau à l'aide d'un chiffon sec.

5 Laissez sécher la peinture, puis enlevez le ruban-cache. Collez du ruban-cache sur les carrés en faux fini. Appliquez du glacis sur les carrés non masqués, en passant la brosse horizontalement. Répétez les étapes 3 et 4, en travaillant toujours horizontalement. Laissez sécher la peinture, puis enlevez le ruban-cache. Si vous le désirez, appliquez un fini transparent ou un produit de scellement acrylique transparent en aérosol.

Variantes de veinage

Imitez le cerisier en utilisant une couche de fond rouille foncé et un glacis ombre brûlée.

Imitez le chêne en utilisant une couche de fond havane clair et un glacis havane doré.

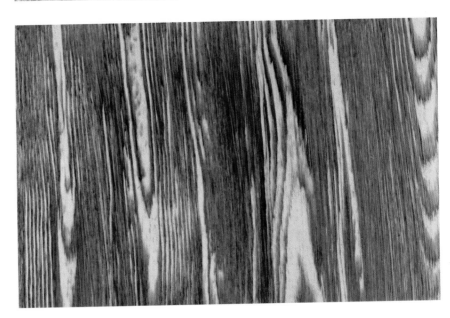

Imitez le noyer en utilisant une couche de fond or foncé et un glacis ombre brûlée.

Bordures décoratives peintes

La bordure décorative peinte, à motif imprimé au bloc, est une excellente façon de donner une touche personnelle à votre plancher. Les rayures et les motifs encadrent très bien un beau plancher en bois. Dans ce projet, la peinture proprement dite est la partie la plus facile à réaliser ; c'est l'agencement du motif sur le plancher et le masquage des lignes qui prennent le plus de temps. Assurez-vous que le ruban-cache adhère fermement au plancher pour que la peinture ne puisse pénétrer dans les interstices.

Pour construire le bloc d'impression, découpez le motif dans une feuille mince de mousse à alvéoles fermés sensible à la pression, ou dans du ruban de calfeutrage en néoprène, ou encore dans une feuille de néoprène ou un tapis à souris d'ordinateur.

Outils et matériel :

Papier de verre fin, ruban-cache de peintre, couteau à mastiquer, règle rectifiée, mètre à ruban, aspirateur, chiffon collant, pinceau, peinture, mousse à alvéoles fermés, bloc en bois, diluant pour peinture acrylique, feutre, feuille de verre ou d'acrylique, fini transparent brillant, applicateur en éponge, fini transparent satiné.

Comment peindre les bordures décoratives

1 Si le plancher est teinté et imperméabilisé, poncez légèrement la surface à l'aide de papier de verre fin, dans la zone à peindre, pour déglacer le fini et améliorer l'adhérence de la peinture. Passez l'aspirateur sur toute la surface, puis essuyez-la avec un chiffon collant.

2 À l'aide d'un crayon et d'une règle rectifiée, prenez les mesures nécessaires et tracez les lignes du motif sur le plancher. Masquez les rayures du motif au moyen de ruban-cache de peintre. Appuyez fermement sur les bords du ruban-cache avec un couteau à mastiquer pour éviter que la peinture ne s'insinue sous le ruban-cache.

3 Utilisez un pinceau pour appliquer la peinture des rayures. Enlevez le ruban-cache et laissez sécher la peinture.

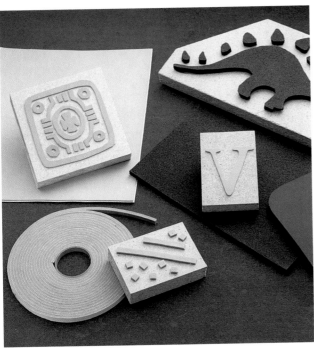

4 Constituez les blocs d'impression en découpant les formes voulues dans de la mousse à alvéoles fermés et en collant ces formes sur le bloc.

5 Mélangez trois ou quatre parties de peinture avec une partie de diluant pour peinture acrylique. Découpez un morceau de feutre plus grand que le bloc d'impression et placez-le sur une plaque de verre ou de plastique acrylique. Versez le mélange de peinture et de diluant sur ce tampon de feutre, pour le saturer.

6 Appuyez le bloc d'impression contre le tampon de feutre, de manière que la face du motif en mousse soit uniformément couverte de peinture.

7 Appuyez le bloc d'impression contre le plancher, en appliquant une pression ferme et uniforme sur la face arrière du bloc. Enlevez le bloc en le soulevant perpendiculairement au plancher pour éviter les bavures. À l'aide d'un applicateur en éponge, appliquez une couche de fini transparent brillant sur tout le plancher. Laissez sécher le fini, puis poncez-le légèrement avec du papier de verre fin. Essuyez la surface avec un chiffon collant. Appliquez deux couches de fini transparent satiné.

Impression de motifs naturels sur les planchers

Utilisez des feuilles pour imprimer des motifs uniques sur un plancher. Vous trouverez des feuilles dans votre propre jardin ou chez un fleuriste des environs. Faites l'essai du processus d'impression sur du papier afin de déterminer quelles feuilles donnent le meilleur résultat. On obtient souvent une empreinte plus nette en imprimant le dos plutôt que la face de la feuille.

Les motifs naturels s'impriment facilement sur des planchers déjà teintés ou lavés. Vous pouvez embellir un plancher au moyen de motifs placés dans les coins ou au

moyen d'une bordure. Sur un plancher en parquet, placez les empreintes au hasard, au centre des carrés de bois.

Outils et matériel :

Papier de verre fin, chiffon collant, pinceau à poils synthétiques, applicateur en éponge, papier ciré, rouleau à main en caoutchouc (d'environ 4 po de large), chiffon non pelucheux, peintures acryliques d'artiste, finis transparents brillant et satiné, feuilles fraîches.

222

Comment imprimer des motifs naturels

1 Aplatissez les feuilles en les plaçant entre les pages d'un gros livre pendant environ une heure. S'il est teinté et imperméabilisé, poncez légèrement le plancher à l'aide de papier de verre fin, dans la zone d'impression prévue.

Essuyez l'endroit avec un chiffon collant. Au moyen d'un applicateur en éponge, appliquez une mince couche de peinture acrylique d'artiste au dos de la feuille.

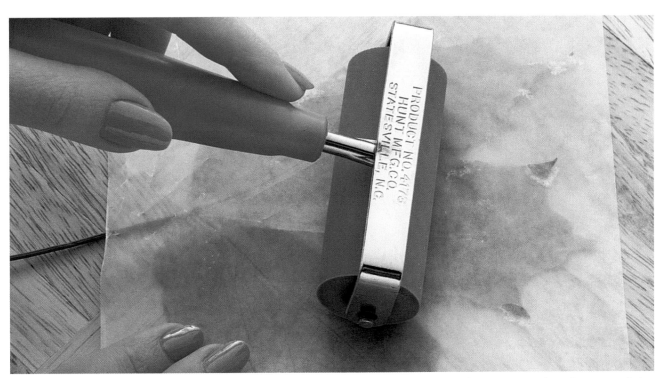

2 Placez la feuille, côté peint vers le bas, sur le plancher, à l'endroit choisi pour l'impression, puis couvrez-la de papier ciré. Passez le rouleau à main sur la feuille pour imprimer l'empreinte. Enlevez le papier ciré et la feuille. À l'aide d'un linge humide, effacez les lignes de peintures

indésirables de l'empreinte avant que la peinture ne sèche. Laissez sécher la peinture et répétez l'opération pour chacune des empreintes prévues. Appliquez deux couches de fini transparent sur les motifs.

Réparation des planchers et des escaliers

Les surfaces des planchers s'usent plus rapidement que toutes les autres surfaces intérieures à cause des allées et venues auxquelles elles sont soumises. Et leur détérioration ne se limite pas à l'apparence: les entailles faites dans les planchers résilients et les fissures des joints de coulis des carreaux de céramique laissent pénétrer l'humidité dans le bois sous-jacent. Les planchers en bois dur perdent leur fini et se décolorent, et les panneaux desserrés grincent.

L'humidité qui pénètre sous le revêtement de sol abîme la sous-couche, et la détérioration se transmet ensuite au sous-plancher. Ce sont les planchers des salles de bains qui connaissent le plus de problèmes dus à l'humidité. Les sous-planchers peuvent se détacher des solives – autre cause de craquements – et le plancher devient alors inégal et élastique à ces endroits.

Les problèmes de solives sont moins fréquents, mais plus visibles. Une solive fendue ou affaiblie risque de s'affaisser et de créer un renfoncement dans le plancher qu'elle supporte ainsi qu'une augmentation des contraintes appliquées aux solives adjacentes, tandis que le bombement d'une solive poussera le sous-plancher vers le haut, desserra les organes d'assemblage et créera une bosse dans le revêtement de sol.

Il est possible de réparer une solive défectueuse, mais les problèmes de défaillance sérieuse doivent être réglés par un professionnel, notamment lorsqu'il s'agit d'un affaissement généralisé du plancher, d'une surcharge de la poutre principale, de poteaux qui s'enfoncent ou d'une détérioration visible des murs de fondation.

En utilisant les outils et les techniques décrites dans les pages suivantes, vous pourrez régler vous-même les problèmes que posent d'autres situations: un plancher ou un escalier qui grince, un giron d'escalier brisé, une plinthe ou une garniture abîmées, un dommage ponctuel à un revêtement de sol.

Élimination des grincements de plancher

Les planchers grincent quand leurs lattes frottent l'une contre l'autre ou contre les clous qui les fixent au sous-plancher. Les planchers en bois dur grincent s'ils n'ont pas été cloués correctement. Le travail normal du bois rend d'ailleurs certains grincements inévitables, mais les grincements de plancher sont parfois le signe de sérieux problèmes structuraux. Si un endroit du plancher vous paraît plus souple ou anormalement grinçant, inspectez la charpente, et la fondation qui supporte le plancher.

Autant que possible, éliminez les grincements par le dessous du plancher. Les solives de plus de 8 pi de long doivent être reliées par des entretoises ou des croix de St-André qui distribuent la charge entre les solives. S'il n'y a pas d'entretoises, installez-en tous les 6 pi pour raidir le plancher et supprimer les grincements.

Outils et matériel :

Perceuse, marteau, chasse-clou, couteau à mastiquer, vis à bois, clous de plancher, bois en pâte, poudre de graphite, cire pour piste de danse, étriers plats à pattes, intercalaires en bois dur, colle à bois.

Comment éliminer les grincements de plancher

Si vous avez accès aux solives de plancher par en dessous, enfoncez des vis à travers le sous-plancher et dans les planches de bois dur, pour les rapprocher. Forez des avant-trous et assurez-vous que les vis sont assez courtes pour ne pas percer les panneaux du plancher. Mesurez l'épaisseur combinée du plancher et du sous-plancher là où les conduites les traversent.

Si vous ne pouvez atteindre le plancher par en dessous, clouez les lames de plancher au sous-plancher au moyen de clous de plancher à tige vrillée. Forez des avant-trous près du bord à languette des lames et inclinez légèrement les clous pour augmenter leur serrage. Clouez autant que possible dans des entretoises. Enfoncez les clous à l'aide d'un chasse-clou et remplissez de bois en pâte teinté les trous laissés par les clous.

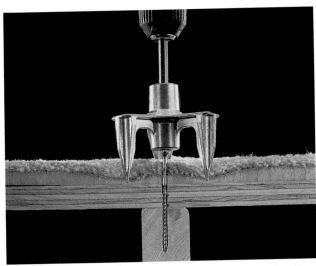

On peut facilement éliminer les craquements d'un plancher recouvert de moquette en utilisant un dispositif spécial permettant d'enfoncer des vis à travers le sous-plancher, dans les solives. Le dispositif guide la vis et contrôle la profondeur à laquelle on l'enfonce. La tige de la vis est rainurée, si bien qu'une fois installée, on peut la couper juste en dessous de la surface du sous-plancher.

Eliminez les craquements d'un plancher en bois dur en utilisant de l'huile minérale, du talc, du savon en poudre, de l'huile minérale ou une cire liquide. Commencez par ôter la saleté et les dépôts des joints qui séparent les lames de plancher, au moyen d'un couteau à mastiquer. Appliquez de la poudre de graphite, du talc, du savon en poudre ou de l'huile minérale entre les lames qui craquent. Sautez à plusieurs reprises sur le plancher pour faire pénétrer le lubrifiant dans le joint. Essuyez l'excès de poudre avec un linge humide. La cire pour piste de danse est une autre solution, mais elle ne convient pas à certains finis de plancher tels que l'uréthane et le vernis, et vous devez donc vous renseigner auprès du fabricant du plancher avant de vous la procurer. Utilisez un linge propre pour étendre la cire sur les joints qui craquent et pour l'enfoncer profondément dans les joints.

Dans les sous-sols non finis ou dans les vides sanitaires, on suspend habituellement les conduites d'eau en cuivre aux solives de plancher. Essayez d'entendre si certains tuyaux ne frottent pas contre les solives ou les autres organes de la charpente. Si c'est le cas, desserrez les étriers de suspension des tuyaux ou remplacez-les pour supprimer le bruit. Retirez les pointes de l'étrier enfoncées dans le bois, à l'aide d'un marteau ou d'un pied-de-biche. Abaissez suffisamment l'étrier pour que le tuyau ne touche plus la solive, mais en veillant à ce que l'étrier le maintienne fermement et l'empêche de vibrer. Reclouez l'étrier en enfonçant l'extrémité pointue directement dans le bois.

Les lames ou les feuilles du sous-plancher peuvent se séparer des solives et créer des vides. Si ces vides sont importants ou si vous en découvrez également au-dessus de plusieurs solives voisines, il se peut que la charpente ait besoin d'être renforcée; mais on peut habituellement remédier à un vide isolé en installant quelques intercalaires en bois dur. Appliquez un peu de colle à bois sur l'intercalaire et déposez un peu de colle à l'endroit où vous allez l'introduire. À l'aide d'un marteau, enfoncez l'intercalaire à sa place, juste assez profondément pour le bloquer. L'enfoncer plus ne ferait qu'élargir le vide. Laissez sécher la colle avant de marcher sur le plancher.

giron

contremarches

limon
central

limon
extérieur

Cet escalier comporte des limons centraux qui renforcent le support des girons. Les longerons de 2 po x 4 po, cloués entre les limons d'extrémité et les poteaux muraux, permettent d'installer les panneaux muraux et le revêtement mural de finition.

Élimination des grincements des escaliers

Les escaliers, tout comme les planchers, grincent lorsque le bois gauchit ou que des planches desserrées frottent l'une contre l'autre. Le martèlement incessant des pas et la traction exercée sur les rampes finissent par avoir raison des rampes et des escaliers les mieux construits. Et un escalier instable est non seulement rébarbatif, mais dangereux. Les problèmes liés à la structure de l'escalier, c'est-à-dire son affaissement, sa torsion ou son inclinaison, doivent être résolus par des professionnels. Par contre, vous pourrez effectuer la plupart des réparations courantes.

Les grincements proviennent souvent des mouvements relatifs entre les girons et les contremarches, mais on peut y remédier en travaillant par au-dessus ou par en dessous de l'escalier.

Travaillez autant que possible par le dessous de l'escalier pour éliminer les grincements, cela vous évitera d'avoir à dissimuler les réparations.

Outils et matériel :

Perceuse, tournevis, marteau, couteau universel, chasse-clou, vis à bois, bois en pâte, pistolet à calfeutrer, intercalaires en bois dur, bouchons de bois, colle à bois, quarts-de-rond, clous de finition, adhésif de construction.

Élimination des grincements en travaillant par le dessous de l'escalier

1 En utilisant de l'adhésif de construction, collez des blocs de bois dans les coins que forment les girons et les contremarches. Une fois les blocs en place, forez des avant-trous et fixez les blocs aux girons et aux contremarches à l'aide de vis. Si les contremarches recouvrent la tranche arrière des girons, enfoncez des vis à travers les contremarches, dans les girons, pour assembler les deux.

2 Comblez les espaces vides entre les parties de l'escalier avec des intercalaires biseautés. Recouvrez les intercalaires de colle et enfoncez-les dans les joints entre les girons et les contremarches, de manière qu'ils serrent. Les enfoncer plus ne ferait qu'élargir le vide. Laissez sécher la colle avant de marcher sur l'escalier.

Élimination des grincements en travaillant par le dessus

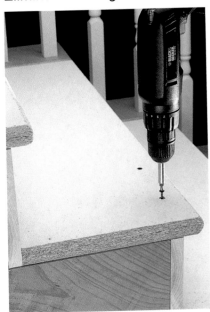

1 Si la partie inférieure de l'escalier est inaccessible, éliminez les grincements en travaillant par au-dessus. Forez des avant-trous dans les girons et enfoncez des vis dans les girons et les contremarches. Noyez les vis et remplissez les trous de bois en pâte ou de bouchons de bois.

2 Enfoncez des intercalaires sous les girons mal attachés pour les empêcher de plier. Aidez-vous d'un bloc de bois pour ne pas fendre les girons. Enfoncez les intercalaires jusqu'à ce qu'ils serrent. À l'aide d'un couteau universel, coupez les intercalaires au ras des girons lorsque la colle est sèche.

3 Renforcez les joints entre les girons et les contremarches à l'aide de quarts-de-rond. Forez des avant-trous et utilisez des clous de finition pour fixer les quarts-de-rond. Utilisez un chasse-clou.

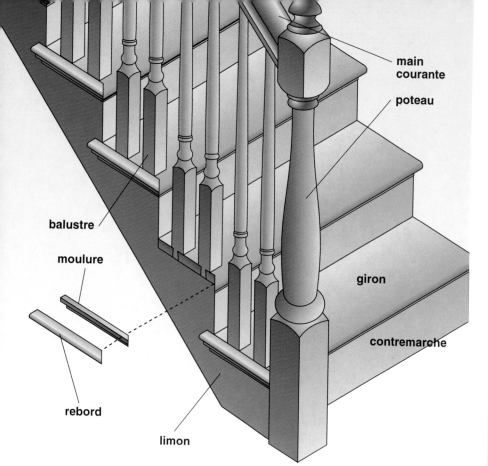

main courante

poteau

balustre

moulure

giron

contremarche

rebord

limon

Remplacement d'un giron cassé

Un giron cassé présente un danger, car on regarde rarement les marches lorsqu'on monte ou qu'on descend un escalier. Remplacez sans tarder un giron endommagé. Si vous n'avez pas accès au dessous de l'escalier, ce ne sera pas chose facile, mais il vaut mieux remplacer le giron que de le réparer, car la réparation risque de créer une marche irrégulière qui peut dérouter quelqu'un qui n'y est pas habitué.

Outils et matériel :

Levier plat, marteau, équerre combinée, scie circulaire, perceuse, chasse-clou, pistolet à calfeutrer, giron, adhésif de construction, vis, bois en pâte, clous de finition chasse-clou.

Comment remplacer un giron cassé

1 Débarrassez soigneusement le giron de tous les éléments décoratifs qui y sont attachés. Retirez la moquette, roulez-la hors du chemin et retirez les moulures qui ornent les extrémités ou les côtés du giron. Enlevez les balustres en dégageant leur extrémité supérieure de la rampe et en défaisant le joint entre leur extrémité inférieure et le giron. Les girons de certains escaliers se terminent par des pièces décoratives en bois dur. Enlevez ces pièces à l'aide d'un levier plat, en prenant soin de glisser le levier sous la pièce pour ne pas endommager ses faces exposées.

2 Autant que possible, utilisez un marteau pour séparer le giron des contremarches et des limons et martelez le giron par en dessous. Sinon, servez-vous d'un marteau et d'un levier plat pour l'enlever, en retirant les clous au fur et à mesure. Une fois le giron enlevé, grattez les extrémités exposées des limons pour enlever la vieille colle et les fragments de bois.

3 Mesurez la longueur que doit avoir le nouveau giron et tracez une ligne de coupe au moyen d'une équerre combinée pour que l'extrémité coupée soit parfaitement d'équerre et droite. Si une des extrémités du giron est façonnée pour être incrustée, coupez le giron à la longueur requise, de l'autre côté. Utilisez une scie circulaire pour couper le giron et ajustez-le soigneusement en l'essayant.

4 Appliquez un cordon d'adhésif de construction sur les faces supérieures exposées des limons. L'adhésif renforcera la liaison entre le giron et le limon, et il aura un effet amortisseur sur le joint, ce qui empêchera le grincement des différentes pièces assemblées.

5 Fixez le giron à sa place. Si vous avez accès au dessous de la marche, fixez le giron à la contremarche qui se trouve derrière lui au moyen de vis qui traversent la contremarche et pénètrent dans le giron par l'arrière. Pour fixer le giron par le dessus, forez et fraisez des avant-trous et vissez le giron à la partie supérieure de chaque limon. Vissez également la partie avant du giron et la contremarche située juste en dessous. Remplissez les trous de bois en pâte ou de bouchons.

6 Réinstallez les éléments décoratifs, en utilisant des clous de finition. Terminez l'ouvrage à l'aide d'un chasse-clou. Réinstallez les balustres, si nécessaire.

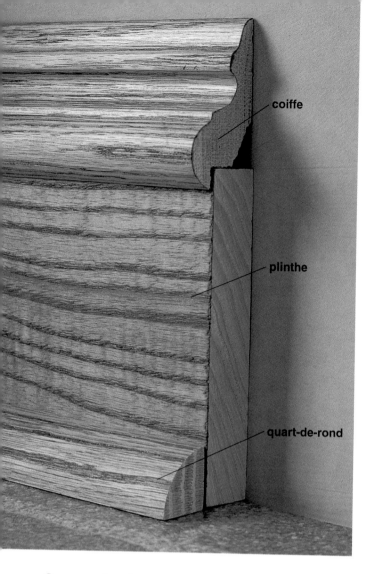

coiffe

plinthe

quart-de-rond

Enlèvement et remplacement des moulures de garnissage

Il n'y a aucune raison de laisser une moulure abîmée enlaidir une pièce bien entretenue. Avec les outils appropriés et en prêtant un peu d'attention aux détails, vous pourrez rapidement et facilement la réparer.

Les maisonneries et les cours à bois vendent toutes sortes de moulures, mais elles risquent de ne pas avoir en stock les moulures que l'on rencontre dans les anciennes maisons. Si vous ne trouvez pas les reproductions que vous cherchez, allez voir dans les cours de récupération: on y conserve parfois d'anciennes moulures qui ne sont plus fabriquées. Ou essayez de combiner plusieurs moulures pour reproduire celle que vous n'avez pas trouvée.

Outils et matériel :

Leviers plats (2), scie à chantourner, scie à onglets, perceuse, marteau, chasse-clou, déchets de bois, moulures de remplacement, clous de finition 2d, 4d et 6d, bois en pâte.

Comment enlever une plinthe endommagée

1 Utilisez le principe du levier plutôt que la force pure pour enlever les plinthes sans abîmer le mur. Commencez par retirer le quart-de-rond à l'aide d'un levier plat. Quand vous avez fait sauter quelques clous, déplacez le levier le long du quart-de-rond et continuez d'écarter celui-ci de la plinthe.

2 N'oubliez pas que la moindre pression du levier sur une plaque de plâtre risque de l'abîmer : protégez le mur avec un gros morceau de bois plat. Introduisez un des leviers sous la moulure, et l'autre entre la plinthe et le mur. Actionnez les leviers en sens opposés pour enlever la plinthe.

Comment installer des plinthes

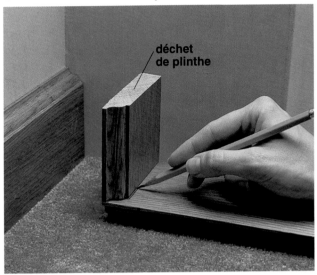

1 Commencez le travail dans un coin intérieur en plaçant une extrémité de la plinthe dans le coin. Forez des avant-trous et fixez la plinthe à chaque poteau mural, au moyen de deux clous 6d, alignés verticalement. Coupez un morceau de déchet de plinthe de manière que ses faces soient parfaitement d'équerre. Coupez également d'équerre l'extrémité de la plinthe de retour. Placez le morceau de déchet sur la face arrière de cette plinthe, de manière que la face arrière du morceau de déchet soit dans le même plan que la tranche de la plinthe de retour. À l'aide d'un crayon aiguisé, tracez le contour du morceau de déchet sur la face arrière de la plinthe de retour.

2 Avec la scie à chantourner, découpez la plinthe de retour en suivant le contour tracé et en gardant la lame de la scie perpendiculaire à la face de la plinthe. Essayez de loger l'extrémité chantournée et ajustez-la en la recoupant si nécessaire.

3 Pour assembler les plinthes aux coins extérieurs, marquez l'extrémité à l'endroit où la plinthe rencontre le coin extérieur du mur. Coupez l'extrémité à 45°, au moyen d'une scie à onglets à commande mécanique. Fixez les joints à onglets avec des clous de finition 4d, après avoir foré des avant-trous.

4 Installez le quart-de-rond le long de la base des plinthes. Faites des joints à onglets à l'intérieur et à l'extérieur des coins, et fixez le quart-de-rond avec des clous de finition 2d. Essayez autant que possible que les moulures installées soient d'une seule pièce. Si la portée est trop longue, joignez les parties de moulures au moyen de joints à 45°. Enfoncez les clous plus profondément que le niveau de la surface, au moyen d'un chasse-clou. Remplissez ensuite les trous avec du bois en pâte.

Remplacement des lames endommagées

Si des lames de plancher en bois dur sont irréparables, découpez-les soigneusement et remplacez-les par des lames de même largeur et de même épaisseur. Remplacez autant que possible des lames entières. Si la lame est longue ou si une partie est inaccessible, tracez une ligne de coupe transversale et collez du ruban-cache derrière la ligne pour délimiter la surface abîmée et ne pas entamer la section qui restera en place.

Outils et matériel :

Perceuse, foret à trois pointes, scie circulaire, ciseau, marteau, pistolet à calfeutrer, chasse-clou, lames de remplacement, ruban-cache, adhésif de construction, clous de plancher à tige spiralée, bois en pâte.

Comment remplacer des lames endommagées

1 Tracez une ligne de coupe transversale sur la lame endommagée et collez du ruban-cache derrière la ligne. Forez aux extrémités de la lame, ou juste à l'intérieur des lignes de coupe, plusieurs trous qui chevauchent, en utilisant un foret à trois pointes. Réglez la profondeur de coupe de votre scie circulaire pour qu'elle coupe l'épaisseur exacte des lames de plancher et effectuez plusieurs coupes au milieu de chaque lame. Sciez du milieu vers l'extrémité, en arrêtant la scie lorsqu'elle arrive aux trous.

2 Enlevez le milieu de la lame avec un ciseau, en progressant du centre vers les côtés. N'appuyez pas le ciseau contre les lames en bon état.

3 Pour achever le découpage au centre de la lame, coupez ses extrémités d'équerre, au moyen d'un ciseau affûté et large.

4 Découpez les lames de remplacement aux bonnes dimensions et installez-les, une à la fois. Appliquez de l'adhésif de construction sur leur face inférieure et dans leur rainure et mettez-les en place. Forez des avant-trous et enfoncez des clous à tige spiralée, à 45°, dans la base de la languette et dans le sous-plancher. Enfoncez-les plus profondément avec un chasse-clou.

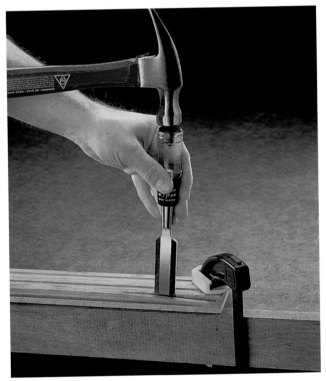

5 Pour installer la dernière lame, ôtez la lèvre inférieure de sa rainure. Enlevez également la languette de l'autre côté de la lame, si nécessaire. Appliquez de l'adhésif sur la lame et mettez-la en place, la languette en premier lieu.

6 Enfoncez des clous à plancher dans la lame, aux deux extrémités et le long du côté où se trouvait la rainure. Remplissez les trous faits par les clous avec du bois en pâte.

Vous pouvez rapiécer un plancher en lames de bois en enlevant, à l'aide d'un levier, toutes les lames qui aboutissent dans l'espace vide du plancher et en les remplaçant par des lames coupées aux dimensions voulues. Cette réparation vous obligera peut-être à enlever les languettes de certaines lames. Poncez et finissez le plancher en entier pour qu'il n'y ait pas de différence entre les nouvelles lames et les anciennes.

Rapiéçage des revêtements de sol

Une solution rapide et économique consiste à installer une moulure en T recouvrant l'espace vide d'un plancher en lames de bois, surtout si les lames de cette partie du plancher sont parallèles à l'espace vide. On trouve des moulures en T de plusieurs dimensions qu'on peut teindre de la même couleur que le plancher.

Lorsqu'au cours de travaux de rénovation, on a dû enlever un mur ou une section de mur, il faut combler l'espace vide laissé dans le plancher. Il existe pour cela différentes méthodes et le choix de l'une ou l'autre d'entre elles dépend du budget et de la dextérité du bricoleur.

Si le plancher existant est usé, pensez à le remplacer entièrement. Un nouveau plancher coûte cher, mais il masquera complètement les espaces vides et donnera une touche d'élégance à l'ensemble de votre travail de rénovation.

Si vous préférez rapiécer le plancher existant, sachez qu'il est difficile de dissimuler complètement les endroits réparés, surtout si le plancher présente un motif ou un fini uniques. Une solution audacieuse consiste à rapiécer le plancher au moyen de matériaux qui contrastent avec le plancher environnant (voir page suivante).

Comment utiliser des matériaux de revêtement contrastants

Comblez les espaces vides des planchers au moyen de matériaux dont la couleur et le motif contrastent avec le plancher. Si le plancher est en bois, les carreaux de parquet constituent une solution facile et économique (ci-dessus, à gauche). Pour ce faire, vous devrez peut-être ménager l'espace nécessaire aux carreaux de parquet en élargissant l'espace vide, au moyen d'une scie circulaire réglée à la profondeur du revêtement en bois. Pour accentuer l'effet de contraste, découpez une bordure faisant le tour de la pièce et remplissez cet espace de carreaux du même matériau (ci-dessus, à droite).

Conseils sur le rapiéçage des planchers

À l'aide de couches de mince contre-plaqué et de papier de construction, épaississez le sous-plancher dans la zone du rapiéçage pour que la nouvelle surface affleure le plancher environnant. Vous devrez peut-être essayer différentes combinaisons de contre-plaqué et de papier de construction pour trouver la bonne surépaisseur.

Pour rapiécer un revêtement en vinyle ou en moquette, posez le matériau de rapiéçage sur l'ancien revêtement et coupez à travers les deux couches à la fois. Quand vous enlèverez le morceau coupé du vieux revêtement, la nouvelle pièce remplira exactement l'espace vide. Si le revêtement présente un motif, veillez à aligner les motifs avant de commencer à couper à travers les deux couches.

Rapiécez une moquette au moyen de ruban thermocollant pour joints et d'un fer à joints loué. Utilisez de préférence des morceaux de la moquette originale, car une nouvelle moquette de mêmes marque, style et couleur que l'originale, ne lui sera jamais totalement identique.

Réparation des revêtements de vinyle

Les méthodes de réparation des revêtements de vinyle dépendent du type de plancher et des dommages qu'il a subis. Dans le cas de vinyle en feuilles, vous pouvez faire fondre la surface ou la rapiécer. Dans le cas de carreaux de vinyle, le moyen le plus simple consiste à remplacer les carreaux endommagés.

Vous pouvez pratiquement faire disparaître toutes les petites coupures ou les griffes en faisant fondre la surface abîmée et en appliquant un liquide de scellement, que vous trouverez dans tous les magasins où l'on vend des revêtements de sol en vinyle. Pour réparer les déchirures et les brûlures, rapiécez l'endroit abîmé. Le cas échéant, enlevez un morceau de revêtement d'un endroit dissimulé – l'intérieur d'un placard ou le dessous d'un appareil électroménager, par exemple – et utilisez-le pour rapiécer l'endroit endommagé.

Lorsque le revêtement de vinyle est fort usé ou endommagé, la seule solution est de le remplacer entièrement. Il est parfois possible d'ajouter une couche de revêtement sur le revêtement existant, mais il faut étudier soigneusement la question. Méfiez-vous du dos en asphalte des anciens carreaux, car il peut contenir de l'amiante. Ne les enlevez pas sans avoir consulté un professionnel.

Outils et matériel :

Équerre de charpente, couteau universel, couteau à mastiquer, pistolet chauffant, rouleau en J, truelle à encoches, marqueur, ruban-cache, morceau de revêtement correspondant, essences minérales, adhésif pour revêtements de sol, papier ciré, produit de scellement liquide pour joints.

Comment réparer un revêtement de vinyle en feuilles

1 Placez un morceau de remplacement sur l'endroit abîmé, en l'ajustant pour que les motifs coïncident parfaitement. Maintenez-le en place au moyen de ruban-cache.

2 Utilisez une équerre de charpente pour délimiter la pièce de remplacement. Suivez autant que possible les lignes du motif, cela facilitera la dissimulation des joints. Coupez à travers la pièce et le revêtement avec un couteau universel. Enlevez la pièce et retirez la partie endommagée.

3 Dissolvez l'adhésif avec une essence minérale et grattez le sous-plancher avec un couteau à mastiquer ou un grattoir pour qu'il soit propre. Étendez de l'adhésif sur la pièce et pressez la pièce en place. Passez un rouleau en J sur la pièce, puis attendez 24 heures que l'adhésif ait séché. Appliquez un mince cordon de produit de scellement liquide sur les joints de la pièce.

Comment remplacer des carreaux de plancher abîmés en vinyle

1 Ramollissez l'adhésif des carreaux à l'aide d'un pistolet chauffant. Déplacez rapidement le pistolet sur les carreaux, en prenant garde de ne pas les faire fondre. Dès que l'adhésif cède, soulevez le carreau à l'aide d'un couteau à mastiquer.

2 Dissolvez le reste d'adhésif avec de l'essence minérale. Grattez tous les résidus au moyen d'un couteau à mastiquer. Inspectez la sous-couche et réparez-la si nécessaire.

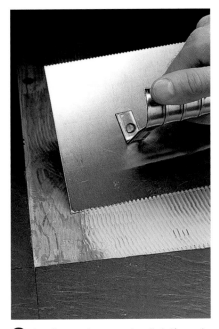

3 Appliquez le nouvel adhésif sur la sous-couche à l'aide d'une truelle dentelée et installez le nouveau carreau dans l'ouverture. Passez le rouleau sur le carreau pour qu'il adhère bien. Essuyez l'excédent d'adhésif.

Réparation des moquettes

Les brûlures et les taches font partie des dommages aux moquettes qu'on doit réparer le plus fréquemment. Vous pouvez couper les fibres brûlées des brûlures superficielles avec des ciseaux. Et vous pouvez rapiécer la moquette si la brûlure est plus profonde ou si la tache est indélébile, en découpant l'endroit abîmé et en le rapiéçant.

Vous pouvez également régler un autre problème courant, qui se présente lorsqu'un joint ou un bord de moquette se décolle ou se détache, en louant les outils nécessaires. Ce problème est traité à la page suivante.

Outils et matériel :

Emporte-pièce, coup de genou, couteau à plaques de plâtre de 4 po, couteau universel, fer à joints, moquette de remplacement, ruban double face pour moquette, adhésif pour joints, ruban thermocollant pour joints, panneaux, poids.

Comment réparer un dommage ponctuel

1 Lorsque l'endroit est fort abîmé ou taché, enlevez le morceau à l'aide d'un emporte-pièce que vous trouverez dans les magasins de tapis. Appuyez l'emporte-pièce sur l'endroit abîmé et faites-le tourner pour découper la moquette et enlever le morceau abîmé.

2 Toujours aidé de l'emporte-pièce, découpez un morceau de moquette de remplacement. Introduisez un morceau de ruban double face pour moquette sous la découpe, en plaçant le ruban de manière qu'il chevauche les joints.

3 Pressez la pièce en place. Assurez-vous que le sens du poil ou le motif coïncident avec ceux de la moquette existante. Scellez le joint et évitez les effilochures en appliquant un adhésif pour joints sur le pourtour de la pièce.

Comment retendre une moquette détachée

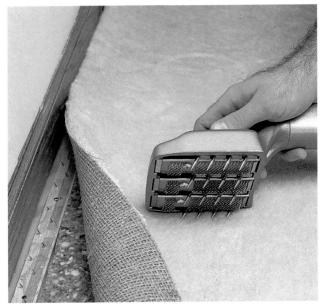

1 Réglez la profondeur des pointes du coup de genou en tournant le bouton qui se trouve sur la tête de l'outil. Les pointes doivent dépasser suffisamment pour agripper le dossier de la moquette mais ne peuvent pas entamer la thibaude. Commencez dans un coin ou près d'un endroit où la moquette est fermement attachée, enfoncez la tête du coup de genou dans la moquette, à environ 2 po du mur.

2 Appuyez avec le genou contre le coussin du coup de genou pour forcer la moquette à se déplacer vers le mur. Ensuite, rentrez le bord de la moquette dans l'espace qui existe entre la languette de bois et la plinthe, à l'aide d'un couteau à plaques de plâtre de 4 po. Si la moquette est toujours lâche, coupez le bord avec un couteau universel et retendez-la.

Comment recoller des joints défaits

1 Commencez par enlever l'ancien ruban qui se trouve sous le joint. Coupez le nouveau ruban à la longueur voulue et placez ce morceau sous la moquette en le centrant sur le joint, l'adhésif dirigé vers le haut. Branchez le fer à joints et laissez-le chauffer.

2 Tirez les deux bords de la moquette l'un vers l'autre et placez le fer centré sur le ruban. Attendez environ 30 secondes que la colle ramollisse. Poussez ensuite le fer d'environ 12 po vers l'avant, le long du joint. Pressez rapidement les bords de la moquette l'un contre l'autre, dans la colle ramollie, derrière le fer. Séparez le poil pour que les fibres ne s'englueent pas dans la colle et que le joint soit bien serré. Placez des panneaux lestés sur le joint pour le maintenir à plat pendant que la colle prend. N'oubliez pas que vous ne disposez que de 30 secondes pour répéter le processus.

Réparation des revêtements de sol en bois dur

Pour débarrasser les planchers en bois dur, foncés et ternes de leur saleté et de la cire accumulée et pour leur rendre un fini attrayant, il suffit d'un nettoyage en profondeur. Si votre plancher en bois dur est relativement neuf, ou s'il est préfini, vérifiez auprès du fabricant ou de l'installateur si vous pouvez appliquer un produit de nettoyage ou de la cire. La plupart des planchers préfinis en bois dur ne doivent pas être cirés.

L'eau et d'autres liquides peuvent pénétrer profondément dans les fibres des planchers de bois dur et laisser des taches foncées qu'il est parfois impossible d'éliminer, même par sablage. Si c'est le cas de votre plancher, essayez de décolorer le bois avec de l'acide oxalique qui se vend en cristaux dans les maisonneries ou les magasins de peinture.

Lorsque la profondeur des éraflures et des entailles ne justifie pas le remplacement d'une lame de plancher, réparez l'endroit abîmé à l'aide d'un produit de ragréage pour bois, à base de latex. Les produits de ragréage existent dans différents tons de bois; choisissez celui qui correspond à la couleur de votre plancher.

Utilisez des solvants pour découvrir le type de fini qui recouvre le plancher. Dans un endroit dissimulé, frottez le plancher avec différents solvants pour voir si le fini se dissout, se ramollit ou s'enlève. L'alcool dénaturé enlève le vernis à la gomme laque, le diluant à vernis-laque enlève le vernis-laque. Si les deux produits n'ont pas d'effet, essayez un dissolvant de vernis à ongles contenant de l'acétone : il enlève le vernis mais pas le polyuréthane.

Outils et matériel :

Aspirateur, polisseuse, marteau, chasse-clou, couteau à mastiquer, chiffons propres, nécessaire de nettoyage pour bois dur, cire en pâte, gants en caoutchouc, acide oxalique, vinaigre, produit rénovateur pour le bois, produit de ragréage du bois à base de latex, papier de verre.

Comment nettoyer et restaurer du bois dur

1 Commencez par passer l'aspirateur sur tout le plancher. Mélangez à de l'eau chaude un peu de détergent à vaisselle ne contenant ni lessive, ni triphosphate de sodium, ni ammoniac. Frottez le plancher à la brosse ou au tampon à récurer en nylon, en procédant par sections de 3 pi². Essuyez chaque fois l'eau et la cire avec une serviette avant de passer à la section suivante.

2 Si l'eau et la solution de détergent n'enlèvent pas l'ancienne cire, essayez le nécessaire de nettoyage pour planchers en bois dur. N'utilisez que des nettoyants de type solvant, car les produits à base d'eau risquent de noircir le bois. Appliquez le nettoyant en suivant les instructions du fabricant.

3 Lorsque le plancher est propre et sec, appliquez une cire de première qualité. La cire en pâte est plus difficile à appliquer que la cire liquide, mais elle dure beaucoup plus longtemps. Polissez le plancher à l'aide d'une polisseuse louée, munie de tampons lustreurs synthétiques.

Comment enlever des taches

1 Commencez par enlever le fini du plancher en sablant la partie tachée avec du papier de verre. Dans un pot jetable, dissolvez la quantité recommandée de cristaux d'acide oxalique dans de l'eau. Portez des gants en caoutchouc et versez la solution sur l'endroit taché, en prenant soin de ne couvrir que la partie foncée du bois.

2 Attendez une heure et répétez l'opération, si nécessaire. Lavez l'endroit avec une solution de 2 cuillers à soupe de borax dans un litre d'eau, pour neutraliser l'acide. Rincez à l'eau et laissez sécher le bois. Polissez l'endroit.

3 Appliquez plusieurs couches de produit rénovateur jusqu'à ce que la partie décolorée se fonde dans le fini du bois qui l'entoure.

Comment reboucher des entailles et des petits trous

1 Avant de boucher les trous faits par l'enfoncement des clous, vérifiez, au moyen d'un marteau et d'un chasse-clou, si ceux-ci sont bien rentrés sous la surface et s'ils ne risquent pas de ressortir. Avec un couteau à mastiquer, appliquez le produit de ragréage sur l'endroit abîmé. Introduisez le produit dans le trou en appuyant la lame du couteau jusqu'à ce qu'elle soit à plat contre le plancher.

2 Raclez l'excédent de produit sur les bords de la réparation et laissez sécher complètement l'endroit. Sablez-le pour que la surface soit entièrement plane. Utilisez du papier de verre à grain fin et travaillez dans le sens des fibres.

3 Appliquez des couches de produit rénovateur sur la partie sablée jusqu'à ce qu'elle se fonde dans le reste du plancher.

Appliquez sur tous les joints, chaque année ou tous les deux ans, un produit de scellement pour coulis qui les protège contre l'humidité, l'usure et les taches. Utilisez un pinceau en éponge pour étaler le produit et évitez d'en déposer sur les carreaux. Laissez sécher le coulis avant de l'imperméabiliser.

Réparation des revêtements de sol en céramique

Le carreau de céramique compte parmi les matériaux de revêtement de sol les plus durs sur le marché, mais il arrive que des carreaux s'abîment et qu'il faille les remplacer. Des fissures importantes dans les joints de coulis indiquent que les mouvements du plancher ont entraîné la détérioration de la couche sous-jacente d'adhésif. Pour remédier à cette situation de manière permanente, il faut remplacer la couche d'adhésif.

Chaque fois que vous enlevez un carreau de céramique, vérifiez l'état de la sous-couche à cet endroit. Si elle n'est plus lisse, solide et horizontale, réparez-la ou remplacez-la avant de replacer le carreau.

Lorsque vous enlevez du coulis ou des carreaux endommagés, prenez garde d'endommager les carreaux adjacents. Protégez-vous toujours les yeux quand vous travaillez avec un marteau et un ciseau.

Outils et matériel :

Marteau, ciseau de maçon, lunettes de sécurité, couteau à mastiquer, truelle dentelée à encoches carrées, maillet en caoutchouc, niveau, pince à bec effilé, tournevis, mélange de coulis, mortier à prise rapide, carreaux de remplacement, intercalaires en plastique pour carreaux, coulis, seau, pigment pour coulis, produit de scellement pour coulis, éponge, mélange à aplanir les planchers.

Comment remplacer des carreaux de céramique

1 Enlevez le coulis avec un marteau et un ciseau de maçon. En tenant le ciseau légèrement incliné, détachez le coulis, morceau par morceau. Enlevez le coulis détaché et nettoyez les joints à l'aide d'un balai à poils raides ou d'un petit aspirateur. Quand les joints sont propres, cassez le carreau abîmé au moyen d'un marteau et d'un ciseau. Introduisez le ciseau dans une fissure, près du centre du carreau, en l'inclinant pour soulever le carreau. Progressez du centre vers l'extérieur jusqu'à ce que le carreau soit complètement enlevé.

2 Dans les pièces dont le plancher reçoit beaucoup d'humidité, il faut que la sous-couche soit en panneaux de ciment. Dans les autres pièces, elle peut être en contreplaqué. Dans un cas comme dans l'autre, grattez l'adhésif et le mortier jusqu'à obtention d'une sous-couche lisse et horizontale. Le cas échéant, rebouchez les entailles ou les creux laissés dans la sous-couche en utilisant un mortier à pose simplifiée à base d'époxy pour panneaux de ciment ou un produit à aplanir pour contreplaqué.

3 Appliquez du mortier à prise rapide sur l'envers du carreau de remplacement, au moyen d'une truelle dentelée qui créera des sillons dans le mortier. Si vous remplacez plusieurs carreaux, utilisez des intercalaires en plastique pour respecter l'écartement entre les carreaux. Installez le carreau à sa place, en appuyant dessus jusqu'à ce qu'il soit de niveau avec les carreaux qui l'entourent.

4 À l'aide d'un maillet en caoutchouc, frappez doucement quelques coups au centre du carreau pour le caler horizontalement dans le mortier. Vérifiez la surface avec un niveau. Si nécessaire, placez un morceau en bois de 2 po x 4 po recouvert de tapis à travers plusieurs carreaux et frappez dessus avec le maillet pour mettre le carreau de niveau.

5 Enlevez les intercalaires avec une pince à bec effilé. Enlevez le mortier humide des joints avec un petit tournevis et essuyez la surface des carreaux pour la débarrasser du mortier qui s'y trouve. Laissez sécher le mortier pendant 24 heures. Remplissez les joints de coulis de couleur identique à l'ancienne. Appliquez un produit de scellement pour coulis avec un petit pinceau.

Glossaire

Adhésif: Liant utilisé pour coller le revêtement de sol à la sous-couche. Il existe aussi des adhésifs qui permettent de coller un revêtement de sol sur une surface non poreuse telle qu'une feuille de vinyle.

American National Standards Institute (ANSI): Organisme de rationalisation qui classe les carreaux en fonction de leur taux de perméabilité.

Bandes à griffes: Languettes de bois clouées autour d'une pièce, dont les griffes tiennent la moquette en place.

Barre de transition: Barre métallique servant de transition entre une moquette et un autre revêtement de sol arrivant au même niveau ou plus bas que le dossier de la moquette.

Bordure: Bande en bois ou en carrelage de couleur ou de style différents de ceux du revêtement de plancher principal et qui est installée au bord de celui-ci ou autour d'un motif, pour ajouter un élément décoratif.

Bulles d'air: Poches d'air sous une feuille de revêtement résilient, indiquant son manque d'adhérence.

Carreau de champ: Carreau ne faisant pas partie d'un motif ou d'une bordure.

Carreau de plancher: Carreau conçu pour faire partie d'un revêtement de plancher.

Carreau en pierre naturelle: Carreau taillé dans du marbre, de l'ardoise, du granit ou toute autre pierre naturelle.

Carreaux de bordure: Carreaux ayant la forme d'une plinthe et qui la remplacent lorsque le plancher est carrelé.

Centre à centre: Distance entre l'axe (le centre) d'un élément de charpente et l'axe (le centre) de l'élément suivant.

Chambranle (ou encadrement) de porte: Moulure et garniture entourant l'ouverture de la porte pour lui donner l'aspect fini.

Chiffon collant: Chiffon sans peluche – habituellement de la toile à fromage – traité avec de la résine pour le rendre collant et utilisé pour nettoyer les planchers et essuyer la poussière.

Ciment Portland: Mélange de silice, de chaux, de fer et d'alumine qui a été chauffé, refroidi et pulvérisé pour former une fine poudre qui sert à faire le mortier.

Clou de finition: Clou muni d'une petite tête bombée, utilisé pour fixer les garnitures en bois et autres moulures.

Clou ordinaire: Clou à grosse tige, de dimensions 2d à 60d, utilisé principalement par le charpentier.

Clouage de face: Clouage dans la face d'un revêtement à rainure et languette.

Clouage dissimulé: Clouage en biais à travers les languettes d'un revêtement de sol en bois dur, effectué de cette manière pour que la lame suivante cache les clous.

Clouage en biais: Clouage à 45°, à travers le côté d'une planche, dans la face d'une autre.

Clouage en extrémité: Clouage à travers la face d'une planche dans l'extrémité d'une autre.

Codes du bâtiment: Ensemble de règlements et d'ordonnances régissant la construction et la rénovation des maisons. Les codes du bâtiment sont, pour la plupart, contrôlés par la municipalité.

Coefficient de frottement: Mesure de la résistance au glissement d'un carreau. Les carreaux à coefficient élevé résistent mieux au glissement.

Contremarche: Planche fixée à l'avant d'une marche d'escalier, entre les limons.

Contreplaqué: Sous-couche normalement utilisée pour supporter les planchers résilients et les carrelages en céramique.

Coulis: Poudre sèche, généralement à base de ciment, que l'on mélange à de l'eau pour l'introduire dans les joints des carreaux. Le coulis contient parfois un additif acrylique ou à base de latex qui améliore son adhérence et son imperméabilité.

Coupe d'onglet (ou biseautée): Coupe en angle à l'extrémité d'un élément de revêtement de sol ou d'une moulure.

Croix de St-André: Entretoises croisées, installées entre les solives pour les immobiliser et empêcher les grincements de plancher. Elles peuvent être en bois ou en métal.

Dalle naturelle: Pierre de carrière, taillée en plaques ayant habituellement moins de 3 po d'épaisseur, et utilisées pour construire des planchers extérieurs.

De niveau: Ligne ou plan parallèle à la surface de l'eau tranquille.

Élément de charpente: Terme courant utilisé pour désigner un élément individuel d'une ossature tel qu'un poteau, une solive, une ferme ou une poutre.

Étendue: Longueur d'une marche, mesurée sur la ligne de giron.

Fendre: Couper un morceau de bois dans le sens des fibres.

Fini transparent: Fini du bois qui permet de voir le grain du bois sans décolorer celui-ci.

Hauteur de marche: Distance entre deux marches consécutives d'un escalier.

Jambages: Montants qui, avec la traverse, constituent l'encadrement fini de l'ouverture d'une porte.

Joint de dilatation: Joint d'un carrelage rempli d'un produit souple, comme de la pâte à calfeutrer, au lieu du coulis. Le joint de dilatation permet aux carreaux de bouger sans se fissurer.

Lame de plancher: Latte ou planche d'un plancher en bois.

Lames: Revêtement de sol en latte ou en stratifié, de moins de 4 po de large.

Lignes de référence: Lignes tracées sur le sous-plancher pour guider la pose du revêtement de sol.

Longrines: Planches posées sur un plancher en béton pour supporter la sous-couche d'un nouveau plancher.

Médaillon: Motif en bois ou en carrelage placé dans un plancher pour l'orner.

Mélange sec: mélange emballé, vendu habituellement en sac, qu'on doit mélanger à de l'eau pour former un mortier.

Membrane d'étanchéité: Feuille de plastique utilisée pour empêcher l'eau contenue dans un plancher en béton de pénétrer dans le revêtement de sol qui le recouvre.

Membrane imperméable: Matériau souple et imperméable installé en feuilles ou badigeonné pour protéger le sous-plancher contre les dégâts causés par l'eau.

Membrane isolante: Matériau souple installé en feuilles ou à la truelle sur un plancher de base ou une sous-couche instables ou endommagés, avant d'y poser le carrelage. La membrane isolante empêche que les mouvements de la base n'endommagent le carrelage qu'elle supporte.

Moquette à poil coupé: Moquette à fibres individuelles, très serrées, colorées à l'extérieur, mais pas à l'intérieur.

Moulure: Bande décorative en bois, installée le long d'un mur ou d'un plancher.

Panneau de ciment: Sous-couche qui supporte les carreaux de céramique et certains planchers en bois dur. C'est la meilleure sous-couche à utiliser dans les endroits humides.

Permis de construction: Permis obtenu du service de construction local autorisant le propriétaire d'une maison à la rénover.

Plancher flottant: Revêtement de plancher en bois ou en stratifié qui repose sur un mince matelas de mousse et qui n'est pas attaché ou collé au sous-plancher ou à une sous-couche.

Planches: Revêtement en bois ou en stratifié dont les lames ont 4 po de large ou davantage.

Planches de repère: Structures temporaires à piquets, utilisées pour placer les cordeaux des planchers construits à l'extérieur.

Plinthe: Moulure en bois, dont le modèle et l'épaisseur varient et qu'on applique au bas d'un mur pour dissimuler l'espace vide existant entre le revêtement de sol et le mur.

Portée horizontale: Distance horizontale couverte par un escalier.

Pose à sec: Installation des carreaux sans mortier dans le but d'en vérifier l'agencement.

Poutre: Élément de charpente horizontal: une solive ou un linteau, par exemple.

Produit à aplanir: Substance ressemblant à du mortier, utilisée pour préparer un revêtement résilient ou carrelé qui doit servir de sous-couche.

Produit de ragréage à base de latex: Produit utilisé pour remplir les fissures et les cavités d'une ancienne sous-couche ainsi que pour recouvrir les têtes des clous ou des vis et les raccords d'une nouvelle sous-couche.

Produit de scellement: Produit utilisé pour protéger les carreaux vitrifiés et semivitrifiés contre les taches et les dégâts causés par l'eau. On l'utilise également pour protéger le coulis.

PVC: Acronyme de l'anglais « polyvinyl chloride », une matière plastique rigide, à résistance élevée à la chaleur et aux produits chimiques.

Quart-de-rond: Moulure mince fixée à la base de la plinthe pour dissimuler l'espace vide existant entre le revêtement de sol et la plinthe, et pour ajouter une note décorative.

Revêtement de sol à longues lames: Revêtement de sol en bois, fait de multiples lattes – habituellement trois – assemblées pour n'en former qu'une.

Revêtement de sol à rainure et languette: Revêtement de sol en bois ou en stratifié dont chaque pièce est munie d'une rainure et d'une languette. On assemble le plancher en introduisant les languettes dans les rainures.

Revêtement de sol fabriqué: Revêtement fabriqué pour ressembler à un revêtement en bois dur, mais plus facile à installer, moins cher, et offrant une meilleure résistance à l'usure. On trouve des revêtements fabriqués en lames ou en planches.

Séparateurs (ou intercalaires): Pièces en plastique placées entre les carreaux pendant leur installation pour écarter ceux-ci uniformément.

Seuil: Zone de l'ouverture d'une porte où les revêtements de sol se rencontrent.

Solives: Éléments de charpente qui supportent le plancher.

Solive sœur (procédé de la): Installation d'une deuxième solive contre une solive endommagée pour la renforcer.

Sous-couche: Matériau tel que du contreplaqué, du panneau de fibragglo-ciment, du panneau de ciment ou de la membrane isolante, posé sur le sous-plancher.

Sous-couche de fibragglo-ciment: Sous-couche mince, de densité élevée, utilisée sous un carrelage de céramique ou un revêtement résilient lorsque la hauteur du plancher pose problème.

Sous-plancher: Surface, habituellement en contreplaqué, fixée aux solives de plancher.

Système de réchauffage de plancher: Système d'éléments chauffants, installés directement sous le revêtement de plancher. Ce système dégage une chaleur radiante qui réchauffe le plancher.

Tapis berbère: Tapis bouclé tissé en lignes parallèles. Le tapis berbère a toutes les fibres de la même couleur.

Teinture: Produit aqueux ou à base d'huile, dont on imprègne un plancher en bois pour changer sa couleur.

Trait de craie: Trait, habituellement rouge ou bleu, laissé par de la craie d'un cordeau traceur contre le plancher, entre deux points.

Transitions: Bandes de bois qui assurent le passage d'un plancher en bois dur à un plancher situé plus bas.

Vinyle à encollage complet: Feuille de vinyle à dossier en papier feutré, que l'on colle à la sous-couche au moyen d'un adhésif.

Vinyle à encollage périmétrique: Feuille de vinyle munie d'un dossier en PVC, que l'on pose directement sur la sous-couche et que l'on colle à l'aide d'adhésif, le long de ses bords et des raccords.

Vinyle en feuilles: Matériau fabriqué en vinyle et avec d'autres matières plastiques et utilisé comme revêtement de sol, sous la forme de feuilles de 6 pi ou de 12 pi de large et d'environ 1/8 po d'épaisseur.

Collaborateurs

Blackstock Leather, Inc.
13452 Kennedy Road
Stouffville, Ontario L4A 7X5, Canada
800-663-6657
Photo on p. 28 (top) by photographer
Hennie Reaymakers

Buddy Rhodes Studio
877-706-5303
www.buddyrhodes.com
Photo on p. 141 (right) by photographer,
Ken Gutmaker; Kitchen design,
www.johnnygrey.com

Crossville Porcelain Stone
P.O. Box 1168
Crossville, TN 38557
(931) 484-2110
www.crossvilleceramics.com

Daltile
7834 C.F. Hawn Freeway
Dallas, TX 75217
800-933-TILE
www.daltile.com

Edelman Leather
80 Pickett District Road
New Milford, CT 06776
800-886-TEDY
www.edelmanleather.com

Expanko Cork Company, Inc.
3027 Lower Valley Road
Parkesburg, PA 19365
800-345-6202
www.expanko.com

Floors of Distinction
12642 Bass Lake Road
Maple Grove, MN 55369
763-553-1800

IKEA Home Furnishings
496 W. Germantown Pike
Plymouth Meeting, PA 19462
800-434-4532
www.ikea-usa.com

Kaswell & Company
58 Pearl Street
Framingham, MA 01701
508-879-1120
www.kaswell.com

Kentucky Wood Floors
PO Box 33276
Louisville, KY 40232
502-451-6024
www.kentuckywood.com

Marmoleum by Forbo Linoleum
Humboldt Ind. Park
PO Box 667
Hazelton, PA 18201
800-842-7839
www.themarmoleumstore.com

Mirage/Boa-Franc Inc.
1255 98 Rue
St. Goerges, Quebec, G5Y 8J5 Canada
800-463-1303
www.boa-franc.com

Mohawk Industries
235 S. Industrial Boulevard
Calhoun, GA 30701
800-2MOHAWK
www.mohawk-flooring.com

My-Grain Creative Woodwork
216 W. Roberts Street
P.O. Box 161
Holmen, WI 54636
800-481-5476
www.my-grain.com

Natural Cork Flooring
1710 North Leg Court
Augusta, GA 30909
800-404-2675
www.naturalcork.com

Ceramic Tiles of Italy
212-980-1500

To find local dealers for Ceramic Tiles
of Italy visit www.italytile.com

p. 145 Ariana www.ariana.it

p. 165 (bottom left) Castlevetro
www.castlevetro.it

p. 21 Girardi www.girardi.it

p. 165 (bottom right) Nordica
www.nordica.it

Oshkosh Floor Designs
911 E. Main Street
Winneconne, WI 54986
920-582-9977
www.oshkoshfloors.com

Patina Old World Flooring
3820 North Ventura Avenue
Ventura, CA 93001
800-501-1113
www.patinawoodfloors.com

Pergo, Inc.
3128 Highwoods Boulevard
Raleigh, NC 27604
800-33-PERGO
www.pergo.com

Robus Leather Corporation
1100 West Hutchinson Lane
Madison, IN 47250
812-273-4183
www.blackpearltiles.com
www.robus.com

TimberGrass Fine Bamboo Flooring
12715 Miller Road NE
Bainbridge Island, WA 98110
800-929-6333
www.timbergrass.com

Timeless Timber Inc.
2200 E. Lake Shore Drive
Ashland, WI 54806
888-653-5647
www.timelesstimber.com

Walker & Zanger, Inc.
13190 Telfair Avenue
Sylmar, CA 91342
818-504-0235
www.walkerzanger.com

Wilsonart International
33 Center Street
Temple, TX 76503
800-710-8846
www.wilsonart.com

Photographes

Beateworks, Inc.
Los Angeles, CA
www.beateworks.com

©Henry Cabala/Beateworks.com: p. 173

©Christopher Covey/Beateworks.com:
p. 141 (gauche)

©Douglas Hill/Beateworks.com: p. 23
(haut)

©Inside/Beateworks.com: pp. 17
(haut), 20 (bas), 21 (bas), 23 (bas), 26
(bas), 33, 88 (haut), 101, 125 (droite),
165 (haut, droite)

©Tim Street-Porter/Beateworks.com:
p. 22 (bas)

Corbis
www.corbis.com
©Elizabeth Whiting & Associates/
Corbis: p. 102 (bas)

Getty Images
www.gettyimages.com

©Getty Images/Janis Christie: p. 27
(bas)

©Getty Images/Ryan McVay: p. 27
(haut)

Ressources supplémentaires

American Society of Interior Designers
202-546-3480
www.asid.org

Association of Home Appliance Manufacturers
202-872-5955
www.aham.org

Carpet and Rug Institute
800-882-8846
www.carpet-rug.com

Center for Universal Design NC State University
919-515-3082
www.design.ncsu.edu/cud

Construction Materials Recycling Association
630-548-4510
www.cdrecycling.org

Energy & Environmental Building Association
952-881-1098
www.eeba.org

International Residential Code Book International Conference of Building Officials
800-284-4406
www.icbo.com

Maple Flooring Manufacturers Association
847-480-9138
www.maplefloor.org

National Kitchen & Bath Association (NKBA)
800-843-6522
www.nkba.org

National Wood Flooring Association
800-422-4556
www.woodfloors.org

Resilient Floor Covering Institute
301-340-8580
www.rfci.com

The Tile Council of America, Inc.
864-646-8453
www.tileusa.com

U.S. Environmental Protection Agency—Indoor Air Quality
www.epa.gov/iedweb00/pubs/insid-est.html

Wood Floor Covering Association
800-624-6880
www.wfca.org

Wood Flooring Manufacturers Association
901-526-5016
www.nofma.org

Tableaux de conversion

Dimensions du bois de sciage

Nominales - US	Réelles - US	Métriques	Nominales - US	Réelles - US	Métriques
1 × 2	¾ po × 1½ po	19 × 38 mm	1½ × 4	1¼ po × 3½ po	32 × 89 mm
1 × 3	¾ po × 2½ po	19 × 64 mm	1½ × 6	1¼ po × 5½ po	32 × 140 mm
1 × 4	¾ po × 3½ po	19 × 89 mm	1½ × 8	1¼ po × 7¼ po	32 × 184 mm
1 × 5	¾ po × 4½ po	19 × 114 mm	1½ × 10	1¼ po × 9¼ po	32 × 235 mm
1 × 6	¾ po × 5½ po	19 × 140 mm	1½ × 12	1¼ po × 11¼ po	32 × 286 mm
1 × 7	¾ po × 6¼ po	19 × 159 mm	2 × 4	1½ po × 3½ po	38 × 89 mm
1 × 8	¾ po × 7¼ po	19 × 184 mm	2 × 6	1½ po × 5½ po	38 × 140 mm
1 × 10	¾ po × 9¼ po	19 × 235 mm	2 × 8	1½ po × 7¼ po	38 × 184 mm
1 × 12	¾ po × 11¼ po	19 × 286 mm	2 × 10	1½ po × 9¼ po	38 × 235 mm
1¼ × 4	1 po × 3½ po	25 × 89 mm	2 × 12	1½ po × 11¼ po	38 × 286 mm
1¼ × 6	1 po × 5½ po	25 × 140 mm	3 × 6	2½ po × 5½ po	64 × 140 mm
1¼ × 8	1 po × 7¼ po	25 × 184 mm	4 × 4	3½ po × 3½ po	89 × 89 mm
1¼ × 10	1 po × 9¼ po	25 × 235 mm	4 × 6	3½ po × 5½ po	89 × 140 mm
1¼ × 12	1 po × 11¼ po	25 × 286 mm			

Conversions des unités de mesure

Pour convertir:	En:	Multiplier par:	Pour convertir:	En:	Multiplier par:
Pouces	Millimètres	25,4	Millimètres	Pouces	0,039
Pouces	Centimètres	2,54	Centimètres	Pouces	0,394
Pieds	Mètres	0,305	Mètres	Pieds	3,28
Verges	Mètres	0,914	Mètres	Verges	1,09
Pouces carrés	Centimètres carrés	6,45	Centimètre carrés	Pouces carrés	0,155
Pieds carrés	Mètres carrés	0,093	Mètres carrés	Pieds carrés	10,8
Verges carrées	Mètres carrés	0,836	Mètres carrés	Verges carrées	1,2
Onces	Millilitres	30,0	Millilitres	Onces	0,033
Chopines (US)	Litres	0,473 (Imp. 0,568)	Litres	Chopines (US)	2,114 (Imp. 1,76)
Pintes (US)	Litres	0,946 (Imp. 1,136)	Litres	Pintes (US)	1,057 (Imp. 0,88)
Gallons (US)	Litres	3,785 (Imp. 4,546)	Litres	Gallons (US)	0,264 (Imp. 0,22)
Onces	Grammes	28,4	Grammes	Onces	0,035
Livres	Kilogrammes	0,454	Kilogrammes	Livres	2,2

Diamètre du logement de tête, du trou de dégagement et de l'avant-trou

Format de la vis	Diamètre du logement de la tête de vis noyée	Trou de dégagement de la tige de vis	Diamètre de l'avant-trou	
			Bois dur	Bois tendre
#1	0,146 (9/64)	5/64	3/64	1/32
#2	1/4	3/32	3/64	1/32
#3	1/4	7/64	1/16	3/64
#4	1/4	1/8	1/16	3/64
#5	1/4	1/8	5/64	1/16
#6	5/16	9/64	3/32	5/64
#7	5/16	5/32	3/32	5/64
#8	3/8	11/64	1/8	3/32
#9	3/8	11/64	1/8	3/32
#10	3/8	3/16	1/8	7/64
#11	1/2	3/16	5/32	9/64
#12	1/2	7/32	9/64	1/8

Adhésifs

Type	Caractéristiques	Utilisations
Colle blanche	**Pouvoir adhésif :** modéré ; liaison rigide **Temps de séchage :** plusieurs heures **Résistance à la chaleur :** faible **Résistance à l'humidité :** faible **Dangerosité :** aucune **Nettoyage/solvants :** eau et savon	**Surfaces poreuses :** Bois (à l'intérieur) Papier Tissu
Colle jaune (colle de charpentier)	**Pouvoir adhésif :** modéré à bon ; liaison rigide **Temps de séchage :** plusieurs heures ; inférieur à celui de la colle blanche **Résistance à la chaleur :** modérée **Résistance à l'humidité :** modérée **Dangerosité :** aucune **Nettoyage/solvants :** eau et savon	**Surfaces poreuses :** Bois (à l'intérieur) Papier Tissu
Colle époxyde à deux composants	**Pouvoir adhésif :** excellent, le meilleur de tous les adhésifs **Temps de séchage :** variable, selon le fabricant **Résistance à la chaleur :** excellente **Résistance à l'humidité :** excellente **Dangerosité :** inflammable, vapeurs toxiques **Nettoyage/solvants :** l'acétone dissout certaines d'entre elles	**Surfaces lisses et poreuses :** Bois (à l'intérieur et à l'extérieur) Métaux Maçonnerie Verre Fibre de verre
Colle chaude	**Pouvoir adhésif :** variable, selon le type **Temps de séchage :** inférieur à 60 secondes **Résistance à la chaleur :** passable **Résistance à l'humidité :** bonne **Dangerosité :** chaude, elle peut provoquer des brûlures **Nettoyage/solvants :** la chaleur ramollit la liaison	**Surfaces lisses et poreuses :** Verre Plastiques Bois
Cyanoacrylate (colle instantanée)	**Pouvoir adhésif :** excellent, mais peu flexible **Temps de séchage :** quelques secondes **Résistance à la chaleur :** excellente **Résistance à l'humidité :** excellente **Dangerosité :** risque de collage instantané de la peau ; toxique, inflammable **Nettoyage/solvants :** acétone	**Surfaces lisses :** Verre Céramique Plastiques Métaux
Adhésif de construction	**Pouvoir adhésif :** bon à excellent ; durable **Temps de séchage :** 24 heures **Résistance à la chaleur :** bonne **Résistance à l'humidité :** excellente **Dangerosité :** risque d'irritation de la peau et des yeux **Nettoyage/solvants :** eau et savon (avant que l'adhésif ne soit sec)	**Surfaces poreuses :** Bois de charpente Contreplaqué et lambris Plaques de plâtre Panneaux de matériaux alvéolaires Maçonnerie
Adhésif de contact à base d'eau	**Pouvoir adhésif :** bon **Temps de séchage :** liaison instantanée, entièrement sec après 30 minutes **Résistance à la chaleur :** excellente **Résistance à l'humidité :** bonne **Dangerosité :** risque d'irritation de la peau et des yeux	**Surfaces poreuses :** Plastiques stratifiés Contreplaqué Planchers Tissu
Pâte à base de silicone (pâte à calfeutrer)	**Pouvoir adhésif :** passable à bon ; liaison très flexible **Temps de séchage :** 24 heures **Résistance à la chaleur :** bonne **Résistance à l'humidité :** excellente **Dangerosité :** risque d'irritation de la peau et des yeux **Nettoyage/solvants :** acétone	**Surfaces lisses et poreuses :** Bois Céramique Fibre de verre Plastiques Verre

Conversion des températures

Pour convertir des degrés Fahrenheit (F) en degrés Celsius (C), appliquez la formule simple suivante : soustrayez 32 de la température en degrés Fahrenheit ; multipliez le nombre obtenu par $\frac{5}{9}$. Par exemple : 77 °F - 32 = 45 ; 45 x $\frac{5}{9}$ = 25 °C.

Pour convertir des degrés Celsius en degrés Fahrenheit, multipliez la température en degrés Celsius par $\frac{9}{5}$ et ajoutez 32 au nombre obtenu. Par exemple : 25 °C x $\frac{9}{5}$ = 45 ; 45 + 32 = 77 °F.

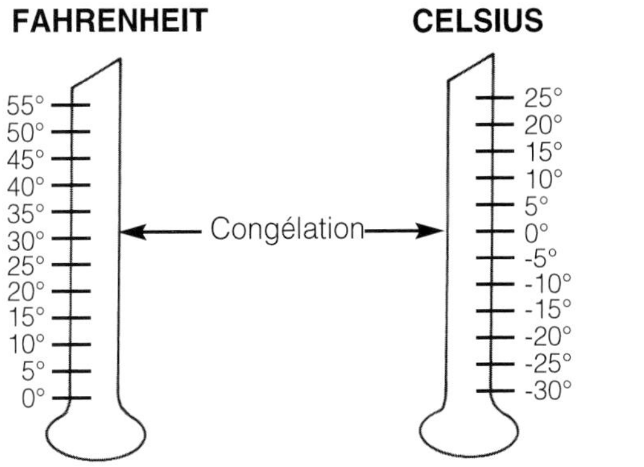

Index

Achevé d'imprimer au Canada
en juin 2004
sur les presses des Imprimeries Transcontinental Inc.,
Division Imprimerie Interglobe